風景構成法のときと語り

皆藤　章　編著

誠信書房

口絵 1　鉛筆による素描と水絵の具による彩色（図 3−1）

口絵 2　風景構成法完成作品（図 4−21）

口絵３　風景構成法①（図５−１）

口絵４　風景構成法②（図５−２）

口絵５　風景構成法①（図 6−1）

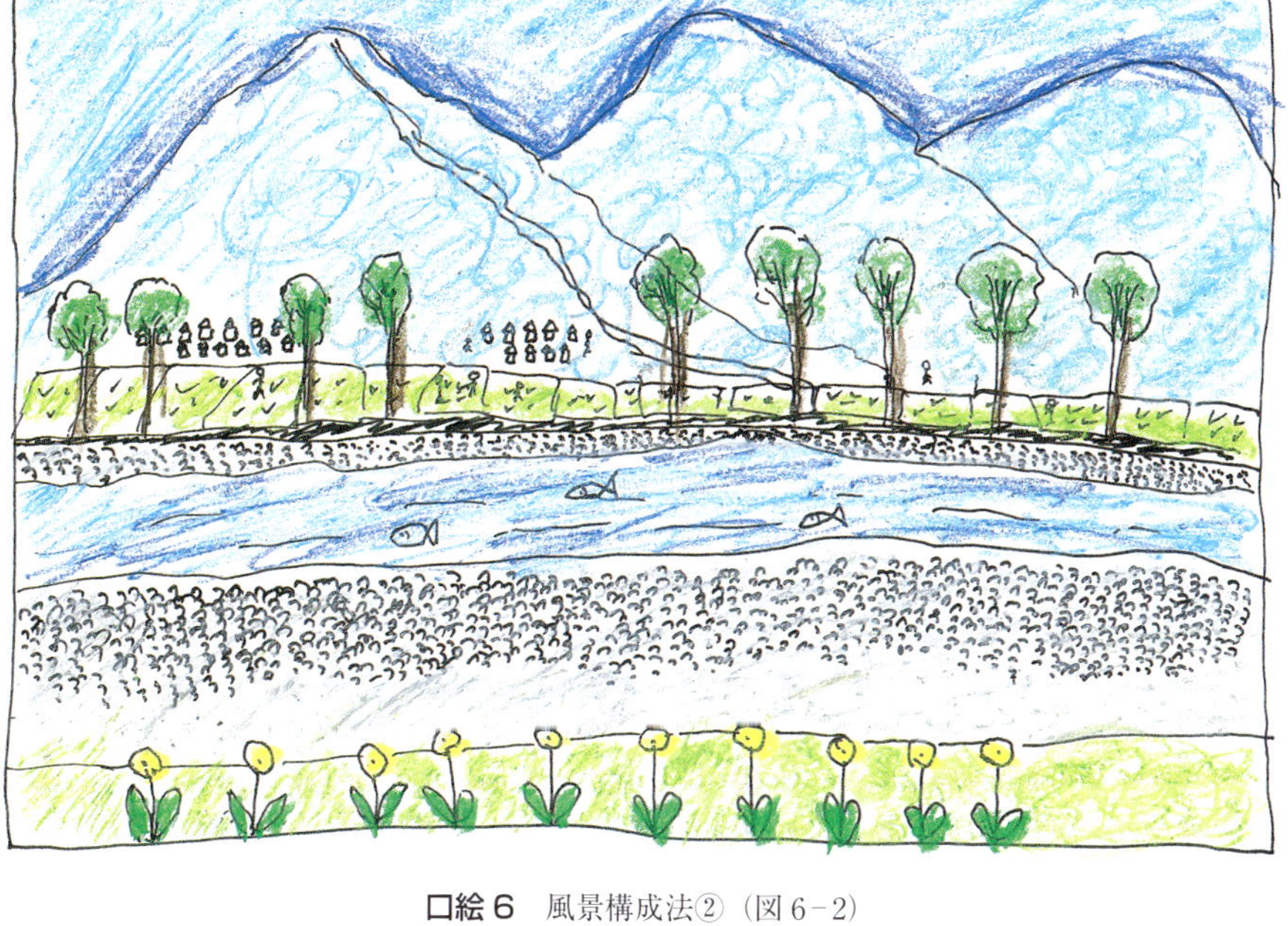

口絵６　風景構成法②（図 6−2）

口絵７　風景構成法④（図6-5）

口絵８　風景構成法⑦（図6-8）

はじめに

風景構成法が心理臨床の場に導入されて、三十年あまりが経過した。その間、いくつかの書物によってこの技法の臨床的価値が論じられてきたが、その基盤となった拙著モノグラフ『風景構成法――その基礎と実践』[1]は、発刊されておよそ十年のときを経ている。現在でも多くの読者を得て、風景構成法への導入の書として位置づけられた感がある。

そして、この十年の間、心理臨床の実践を地道に重ねるなかで、筆者の風景構成法に向き合う姿勢は、心理臨床に向き合う姿勢と相伴って少しずつ変化してきている。そのことのクリアな自覚はすでに拙著執筆時点からあったのだが、さほど違和感のないことばでそれを語れるようになってきたのは、ここ数年である。このような変化のなかで、筆者は次のことを明確に述べた。すなわち、「現在の筆者の考え実践する〈心理療法〉には、〈療〉の語が包含する〈治療〉という意味が直截的には付与されていない。むしろ、〈臨床〉の原義そのものの意味が強く付与されているので、伝統的に〈心理療法〉と表現されてきた実践を、筆者は〈心理臨床〉と呼び、そのような実践を行なう者を〈心理臨床家〉と表現する」という内容である[2]。本書においても、この姿勢から、第一章～第四章では「心理臨床」「心理臨床家」という表現が用いられている。

さて、筆者は、とりあえずは心理学に名を連ねる者であるから、人間のこころを探求する際の方法論を心理学に置いてきた。風景構成法に向き合うときも例外ではなかった。すなわち、近代科学的な考え方で風景構成法を理解しようとしてきたのである。そのことは、ひとまずの成果を挙げたとは思っている。だが、筆者は自身の内につねにある種のざわめきを聴いていた。それは次のように言うことができるであろうか。

漆黒の静寂にもたらされるざわめきの、それ自体そのものを引き受けなければならない。けっしてそれを「水の音」として聴いてはならない。それは、「砂の音」かも知れないし「岩の音」かも知れない。あるいは、「音」ではないかも知れない。「風のそよぎ」かも知れないし「宇宙の声」かも知れない。要するに、それは体験そのものなのである。それをたとえば「水の音」として聴いたとき、それ以外のあらゆるものは失われてしまう。体験そのものを引き受けねばならない。

風景構成法はそう筆者に語っているかのようであった。それははたして可能なのか。だとすれば、いかにして……。このようなざわめきを抱きながら数年が過ぎた。

人間のこころを近代科学的な方法論で探求することにかかわる議論はすでに久しいが、そのことに深く立ち入らずとも、心理臨床のプロセスのなかで論理的には把握しがたい不可思議な事態を体験している心理臨床家は数多くいるのではないだろうか。また、心理臨床に限定することなく、広く人間の営みのうちにそうした事態を体験することも少なくないだろう。そうした事態が科学的に解明できるかどうかはまた別の議論になるが、筆者は体験から語ることを自身にとってきわめてたいせつなこととしているので、そのような事態を体験したとき、たとえ語り得たとしてもそれを近代科学的な方法論で語ることに頑強に抵抗しようとする自身を見出すことが少なくなかった。

そのような自身のざわめきをことばで語り、心理臨床についての自身の見解を世に問うたのが、拙著から四年後の『生きる心理療法と教育——臨床教育学の視座から』[3]であった。筆者はそこに、モノグラフ執筆後からすでにくすぶり続けていた風景構成法に向き合う姿勢についての小論「心理療法と風景構成法」[4]に加筆修正して、「心理療法としての風景構成法」と題して一章を割いた[5]。そこでは、「風景構成法が切り開いた治療的地平について論じることで、心理療法の視角から風景構成法を位置づけることが風景構成法の発展にとって必要であると考えている」[6]との姿勢から、風景構成法を心理臨床の一技法として位置づけようとする論考が展開されている。筆者は、心理臨床について論じるなかで風景構成法に向き合おうとしたのである。

心理臨床そのものを論じることは、おそらく途方もないことだろう。論じ得ることばははたしてあるのだろうか、茫漠たる思いに包まれてしまう。およそ論理的整合性をもった営みではない心理臨床の作業に科学的論理性の視角から踏み込むことは、心理臨床の本質を損なうことのように感じられてならない。それでも、幾多の先賢がこのテーマを論じようとしてきた。そうした知の集積が現在の心理臨床を機能せしめていると言うこともできるであろう。けれども、人間の営みが時代との相対を生きるように、心理臨床も時代との相対を生きる作業であることを思うとき、現代という時代に生きる心理臨床をいかにして論じることができるのであろうか。

このようなテーマを引き受けようとした試みが、『風景構成法の事例と展開――心理臨床の体験知』[7]である。そこにおいては、「対談」というスタイルで風景構成法の事例を共編者の川嵜克哲氏と語り合うなかで、心理臨床の本質に触れようとしている。風景構成法について、心理臨床について、科学的実証主義や操作主義的な世界観からではなく、語り合うなかでそれらの本質が生成されていくプロセスに存在そのものを入れ込もうとしたのである。近代科学的パラダイムの転換を試みたこの著作は、幸いにも試みとしては評価されているように思われる。また、筆者が敬愛して止まないある精神科医がこの著作での対談について、そこに霊性が働いているとコメントされたことは、筆者にとって今後の展開に大きな示唆が与えられたと思っている。

本書は、風景構成法にたいする、そして心理臨床にたいする筆者の考えのさらなる展開を世に問おうとしたものである。その視角は、端的に、心理臨床の側から、風景構成法の側から「語る」というものである。具体的には、本書の特色のひとつとして、「対話」というスタイルが随所に取り入れられている。第一章〜第三章は、筆者が心理臨床・風景構成法の実践のトポスに身を置き、体験をもとに心理臨床・風景構成法と対話するなかでもたらされた「語り」である。

第四章は、筆者が所属する臨床教育学専攻の大学院生、中桐万里子氏に筆者が依頼して風景構成法を描いていただいたときの、彼女と筆者の体験の「語り合い」である。描き手は中桐万里子氏、見守り手は筆者である。筆者は大学院での演習などによって、彼女が体験を語ることに卓越した力を発揮する場面に幾度となく出逢ってきており、今回はそうしたことを踏まえての依頼となった。この章は、氏の語りと筆者の語りが交錯し合う構成をとっているので、風景構成法が描かれる状況が動的に捉えられるであろう。また、この試みは、これまで風景構成法に関して多くを語ってきた筆者がはじめて、実際場面を可能な限りクリアに反映した筆者自身を提示することでもある。

第五章は、心理臨床家の村松知子氏自身が風景構成法を描きたいと筆者のもとを訪れたときの体験の「語り」である。氏のように、風景構成法を描きたいと筆者を訪ねてこられる心理臨床家は稀である。筆者はその申し出を受けたとき、氏が心理臨床家としてきわめて心理臨床的に風景構成法を捉えていると直観したが、同時に筆者の心理臨床家としての在りようを問われることになるとの確信も抱いた。きわめて稀なこの試みは、幸いにも両者にとって意味ある体験となっていった。そのときの体験を語って欲しいとの筆者の依頼を受けて、氏には風景構成法を描くことをとおして自身の内に生じたさまざまな体験について語っていただいた。この章は描き手の体験の「語り」として独立したものとなっている。

第六章は、坂田浩之氏による風景構成法の心理臨床事例である。本章はこれで独立しているが、続く第七章は、第六章の事例を担当した心理臨床家の坂田浩之氏と筆者が対談するなかで、一事例から心理臨床の本質に触れようと試みている。「対談」というスタイルはすでに前書に見られるが(8)、事例を担当した心理臨床家との対談ははじめてである。

坂田氏との対話は、日本心理臨床学会第二一回大会における「風景構成法とのイメージ対話」と題した筆者のワークショップが最初である。このワークショップも本書の試みと同じ流れに位置づけられるものだが、筆者が風景構成法の構成プロセスを禅画十牛図と比較しながら論じたところ、まったく偶然であったが、それに続く氏の事例発表にも十牛図の視点からの語りが含まれており、氏が風景構成法について筆者と親和性のある考え方をもっているのを知ることになった。これが縁となって、本書を企画するなかで、氏の事例をさらに検討していきたいとの思いから、筆者の主催する風景構成法研究会においてふたたび事例を発表していただいた。それは、筆者と氏が対話しながら事例について思索を巡らせ、その対話に触発されて研究会のメンバーも語るというスタイルであった。第七章の対談は、その際の二度にわたる計七時間を超える対談が基になっている。その後、氏に依頼して本書のために事例に考察を加筆していただいたのが第六章である。

さて、第四、五章のように、風景構成法の描き手がみずからの体験を語るのはきわめて珍しいことであり、読者諸氏も大いに得るところがあるのではないかと確信している。ここで重要なこととして、このような体験を公にすることは、本来的には何らの必然性もないということを指摘しておきたい。まさに、異例中の異例と言える。今回は、中桐万里子、村松知子両氏が本書の趣旨に賛同を表明された結果、そして公にすることによって生じるあらゆる事態を筆者と両氏が引き受けていくという明確な意思疎通の結果、作品も含めて体験を公にする運びとなった。筆者もそうとうに迷ったが、この試みが風景構成法そして心理臨床の発展に寄与するものと確信して今回の決断に踏み切った。読者諸氏には、とくにこの点での格別のご配慮をお願いする次第である。

本書は、冒頭に述べた拙著モノグラフから十年のときを経て、科学的実証主義と心理臨床の実践との間で葛藤し続けてきた筆者が、風景構成法とともに生き抜くことをとおして体験されたひとつの地平を提示している。それは、「わたし」(9)の心理臨床観であり、生きることを考える学問としてわたしに生成されてきた心理臨床学／臨床教育学と言えるように思われる。

二〇〇四年　春

皆藤　章

目次

第五章　風景構成法体験がもたらしたもの　92

第六章　あるうつの青年との心理療法のプロセスのなかで風景構成法を用いた事例　122

第七章　事例のなかの風景構成法　164

第一章

風景構成法の〈方法〉に向けて

この十年あまりの間に、心理臨床におけるわたしの姿勢は少しずつ変化を見せ、ここ数年は大きな転換期を迎えようとしている。個人的にはそうした手応えを実感している。わたしにとって、心理臨床に目標があるとすれば、それは唯一クライエントの個性化・リアライゼイションである。すなわち、クライエントがクライエント自身として個を生きることである。この姿勢に変わりはない。けれども、この姿勢が息づく在りように強くたしかな変化を感じるのである。そして、そのことは当然、「はじめに」で簡潔に述べたように、風景構成法におけるわたしの姿勢にもリフレクトされることになった。本章では、心理臨床・風景構成法を、わたしがどのように心理臨床家としての自身の体験をとおして引き受けていこうとしているのかについて語ることにしたい。

1 問いの立て方

われわれは、何かを理解しようとするとき、それがいったい何なのかといった問いを立てて思考を進める。たとえば、「統合失調症とは何か」「引きこもりとは何か」といった具合である。わたしもこれまではまったく同様のスタンスで心理臨床・風景構成法について理解しようと努めてきた。すなわち「心理臨床とは何か」「風景構成法とは何か」という問いを立て、自身の心理臨床・風景構成法体験をとおしてそれらについて思惟を巡らせてきたのである。けれども、そうしたスタンスに在り続けながら、わたしにはどうもこのような問いの立て方それ自体に疑問が感じられるようになってきた。クライエントの語りを聴くなかで、どうもそうしたスタンスに違和感を強く抱くようになってきたのである。

およそ人が何かを学ぶとき、「……とは何か」というフレームにたいする問いからまず始まるであろう。まず、定義から入るといってよいだろう。そうして学んだ「……」は、それが何なのかを教えてくれる。しかし、はたしてそうなのであろうか。他の学問領域は門外漢であるからわからないけれども、心理臨床の領域ではそのような問いの立て方には、どこか心理臨床そのものと相容れない感覚がわたしにはある。むしろ問いの立て方が逆なのではないだろうか。

たとえば、「心理臨床とは何か」という問いを立てるとき、われわれは「心理臨床」という概念を前提としている。でなければ、このような問いは立てようがない。「心理臨床」という既成のフレームはすでにあるのである。そしてわれわれは、まったき混沌のうちから「心理臨床」という既成のフレームでもって切り取られてきた「何か」を学び、実践し、語り、論じる。そのときわれわれは、さながら切り取られたフレーム内の「何か」について語っているように思っている。しかし、はたしてそうであろうか。実はわれわれは、フレームそれ自体を学び、実践し、語り、論じているに過ぎないのではないだろうか。「心理臨床とは何か」という問いにたいし、「こころ」「クライエント」「場所」「時間」などといった心理臨床を構成している諸要因を理解し、そうした諸要因によって構成されている心理臨床について論じているだけのようにわたしには思われる。それは、既成の何か、すなわち「心理臨床」というフレームを説明しているに過ぎず、「心理臨床の語り」ではないとわたしには思われてならない。すなわち、そのような方法論ではわれわれが概念化した心理臨床を説明することにはなっても、心理臨床の生々しい場に身を置いたときに体験される人間の在りよう、それこそが心理臨床の本質であるとわたしは考えているが、そのような心理臨床の本質を論じることにはならないのではないだろうか。それが体験からもたらされたわたしの実感である。

もちろん、既存の方法論で心理臨床を説明することは間違いではない。けれども、それによって心理臨床を理解したと考えるのであれば、それは心理臨床家としてはきわめて危険な在りようだと思われる。そうしたスタンスは、結果として心理臨床家がマニュアル化され大量生産されることに繋がり、心理臨床の本質に生きる「個」が隠蔽される危険性が高まってくるであろう。そうなれば、それはもはや心理臨床ではあり得ない。心理臨床は「個」がそこに生きる営みだからである。

それでは、いかにして「心理臨床の本質」を論じることが可能なのであろうか。このようなことを想うとき、新たなパラダイムが模索されている現代という時代に、心理臨床家は実践を営んでいるのだ、ということを痛感する。まず、このことの自覚が心理臨床家に必要ではないだろうか。

現代の心理臨床家養成の事情を鳥瞰するとき、そのほとんどがフレームの理解を重視したシステムになっているようにわたしには思われる。先に述べたようにそれは、「……とは何か」を学習していくシステムである。それが現実であるならば、臨床実践指導に携わる心理臨床家はきわめて深刻にこの事態を受け止めなければならない。マニュアルを手にすればできるほど心理臨床の営みは合理性の地平に開かれてはいない。否、人間の営みそのものがきわめて不可思議で合理とは相容れない世界の体験なのではないだろうか。

さて、以上のようなことを思いながら、一心理臨床家としてのわたしは、心理臨床をいかに語り得るのであろうか。深い逡巡の末、わたしは「……とは何か」という問いを立てることを止めた。そうして、本来的には「何が……なのか」という問いを立てるべきではないかと感じるようになった。それは、わたしの体験をまず中心に据える姿勢である。体験をとおしてもたらされた「何が……なのか」を問うてみるのである。すなわち、「心理臨床とは何か」ではなく「何が心理臨床なのか」という問いの立て方である。この問いこそが心理臨床の本質を論じることに繋がるというのが、現在のわたしの心理臨床の実践感覚である。

2　体験を引き受ける姿勢――新たな〈方法〉に向けて

心理臨床の歴史をきわめて端的に語ると、近代科学的・実証主義的な世界観に向かって生きてきたと言うことができるであろう。現代においても事情はさして変わらず、心理臨床家はそうした世界観に支えられてクライエントに向き合っているというのが現状ではなかろうか。それが誤りであると言っているのではない。それはたしかにひとつのスタイルとしてあるだろう。心理臨床の多様性を思うとき、そのことに反論をする気にはなれない。けれども、心理臨床家の多くはこうしたことに無自覚すぎるのではないかと思うのである。それによって多くのクライエントが傷を負っていると実感するからである。多くのクライエントから、心理臨床が操作主義の下に生きることに頑強に抵抗する声を聴くことはしばしばある。ときにそれは、深く濃い怒りとなって心理臨床家に強烈に表明される。

このようなことを述べると、かならずと言っていいほど実証や証明を求める反旗の声が発せられる。無自覚だからこそ発せられる声であると思われるが、心理臨床は実証や証明の世界に生きる営みではないということ、少なくともわたしの実践する心理臨床はそうではないことを強調しておきたい。

さて、「何が心理臨床なのか」と問うてみる。この問いを心理臨床の実践体験を巡りながら、自身の内に何度も繰り返してみると、この問いがもつ独特のニュアンスが手応えとして感じられてくる。その独自性こそがこの問いに応えるために不可欠な要素になってくるとわたしは考えている。

ここで、当然のことながら、この問いが生成してくる契機にはわたしの心理臨床の体験があった。クライエントとの営みの実践世界があった。それは、かつて同様の契機でもって生成してきた「心理臨床とは何か」との問いを問うてきた体験とは異なる姿勢をわたしにもたらした。実践的に少し振り返ってみよう。

「心理臨床とは何か」と問うてきた時期は、わたしにはそうとう長く続いた。誤解のないように付言するが、これは知識のテーマではなく心理臨床の実践におけるテーマである。心理臨床の実践に身を置いてクライエントの語りを聴きながらこの問いを問うことが続いた。そうして数年前、これも心理臨床のある体験をとおしてこの問いへの応えがもたらされた。それは、きわめてシンプルに、「わからない」というものであった。

そして、この手応えはわたしに大きな一歩を踏み出させた。わからないことをわたしは実践している。それはいったい何をしていることなのだろう。眼前のクライエントを見、その語りを聴く。そしてその語りから、生きることの不可思議に出逢う体験がわたしにもたらされる。その不可思議さは人間の不可思議さに繋がり、人間を深く考える機会が豊かにもたらされる。

心理臨床の営みにおける時空間をも含めたすべての体験世界の場をトポスとわたしは呼ぶが、心理臨床のトポスにいると、クライエントからときおり尋ねられることがある。「生きるってどういうことなんでしょう?」「先生はなぜ生きているのですか」「ここで話をしていて何の意味があるのですか」「心理臨床って何なんですか」。これらの問いにわたしは、「わかりません」とたしかに応えることがある。きわめて不真面目な応えのように思われるかも知れないが、わかったつもりになってあれこれ応えている心理臨床家よりははるかに誠実であるとわたしは思っている。

このような心理臨床の実践に向き合う姿勢は、強くたしかな手応えをもたらし、それに支えられてわたしは心理臨床のトポスに身を置いてきたと言うことができる。

けれども最近、この応えがもつ危険性がひそかに感じられるようになってきたのである。これも心理臨床の体験が契機となっている。その危険性は、「自分は〈わからない〉をほんとうに生きているのだろうか」との声となってやってきた。そしてこの声は、次のような自問を立て続けに産んできた。わたしは「わからない」を教条化してはいないか。マニュアル化してはいないか。「わからない」との応えに逃げているのではないか。この応えでもってクライエントに誠実であると思いながら実はきわめて不誠実になっているのではないか。

これらの自問は非常にきびしい内省を突きつけるものであった。体験を引き受ける姿勢について強い反省と自覚を促すものであった。けれども、ここからどのように一歩を踏み出せるのか、手だては思いつきもしなかった。ただただ、問いを問い続ける以外になかった。そうして、このような自問の渦中から、「何が心理臨床なのか」との問いがもたらされてきたのである。

「心理臨床とは何か」、そして「何が心理臨床なのか」。この二つの問いにはどのような実践的な異同があるのであろうか。わたしは、「心理臨床とは何か」と問うことはそれ自体にすでに操作主義的世界観が含み込まれていると考えている。「心理臨床」とは心理臨床家が概念化したものだからである。ここに人間中心主義が潜んでいると言ってもよいだろう。しかしそれは、心理臨床家には自覚することのきわめて困難かつ微妙なことであるようにも感じられる。少なくともわたしはそうであった。そして、心理臨床の実践のなかでクライエントが心理臨床家にぶつける怒りは、実は心理臨床家のこの姿勢にあるのではないだろうかとわたしは実感している。

心理臨床が確固とした方法論をもって確実にクライエントを治癒に導けるのであれば、クライエントが心理臨床家に怒りをぶつけるなどということはほとんど考えられないであろう。かならず治るとわかっているのであれば、人間は通常、そのような営みを耐えて生きようとする。しかし心理臨床は、かならず治るとクライエントに約束できない営みなのである。クライエントが心理臨床家の「わからない」との応えに怒りをぶつけても当然であろう。あるいは、心理臨床家のさまざまな語りのなかに、「この人はわたしのことをわかっていない」とたしかに感じてクライエントが怒りを表明しても、当然であろう。心理臨床家が、わかったふりをして語っているのであるから、クライエントにとってはお話にならないことであろう。

けれども、かといって、そのような語りに代わる何らかの語りでもって、それが確実に実現すると約束することが心理臨床家にできるであろうか。それはできない、と、わたしは思う。このようにみると、まさしくクライエントは、「心理臨床とは何か」という問いを心理臨床家が問うことそれ自体に怒りをぶつけてくると言えるように思われる。この問いは、どこかに応えがあることが前提となっているニュアンスを色濃く醸し出している。心理臨床家もその応えに向かうベクトルをたぐろうとしている。しかしクライエントは、「応えなど前もってどこかに在るようなものではない」ことを、心理臨床家に出会ってほどなく知る。それほどに、クライエントは心理臨床家よりも生々しい世界を生きている。

「話をすることがカウンセリングなんですか」「話をするだけで治るんですか」「こんなんで良くなるんですか」といったクライエントの語りを多くの心理臨床家は聴いてきた。こうしたクライエントの語りを聴き、そしてその語りを引き受けていこうとしてきた。このような語りの意味は、個々の場合で異なるであろうが、総じて次のようには言えるであろう。すなわち、クライエントが心理臨床家とともにする心理臨床のトポスの在りようを自身に引き受けようとしている、その途上の不安が語られている、と。そうして、クライエントの不安を心理臨床家が引き受ける姿勢をもって、関係は創造へと向かうベクトルを歩み始めることになる。けれども、そのような歩みに向かわないとき、クライエントはときに強い怒りを表明する。「カウンセリング（心理臨床）って、いったい何なんですか！」。この怒りは、心理臨床家が心理臨床のトポスをクライエントとともにしていないこと、心理臨床家がトポスの在りようをクライエントが引き受けるほどには引き受けようとしていないこと、そのことへの強烈な異議申し立てであるとともに、さらには心理臨床のトポスにいかんともしがたく在る哀しみの叫びでもあるように、わたしには思われる。このように、クライエントはみずからの体験から心理臨床の営みを引き受けようとする。これにたいし心理臨床家がフレームの知識でもって心理臨床の営みを引き受けようとするのであれば、クライエントがそうした心理臨床家の姿勢そのものを批判するのも当然であろう。

このとき、心理臨床家が「わからない」と応えても、その応えはもはや虚空に漂うしかない。クライエントの怒りが表明される以前の心理臨床のトポスにおいて、この「わからない」という語りが両者の関係を支えるものとして機能していないからこそ、クライエントは「心理臨床とは何か！」と怒りを表明しているのである。それは、心理臨床家が、心理臨床をひいては人間の営みを操作主義的な世界観でもって理解していることへの怒りでもあるだろう。そのような世界観が席巻する現代に苦悩するクライエントが、苦悩を語る心理臨床の営みのなかにそれを見るとは何という皮肉であろう。そして、心理臨床とは、心理臨床家とはいったい何なのであろうか。

このようにみると、「心理臨床とは何か」という問いは、問いそれ自体に操作主義的世界観が内包されているために、「わからない」という応えもまた、応えそれ自体に潜む操作主義的世界観をクライエントは感得すると言うことができる。簡潔に言えば、クライエントは体験をもとにして心理臨床家に向き合い、心理臨床家はフレームを手にしてクライエントに向き合うわけである。誤解のないように付言するが、わたしはこのような向き合いが間違いであると語っているのでは毛頭ない。このような向き合いで多くのクライエントが苦悩し深く傷ついていると実感しており、現代という時代を想うとき、心理臨床家としてわたしは、心理臨床に向き合うスタンスを根本的に再考する必要性を心理臨床の実践から痛感していると語っているのである。

心理臨床の営みを生きるひとりの人間として、そのトポスを生きる体験から、心理臨床家は、クライエントが自身の体験から生まれた不安の語りそのものを引き受けていかねばならないと、わたしはあらためて強く自覚している。その自覚に到る渦中に生まれた「何が心理臨床なのか」との問いは、クライエントの語りそのものである。「話をすることがカウンセリングなんですか」とのクライエントの問いがすぐさま想起されるであろう。心理臨床の原点は「体験」にこそある。

体験から生まれるクライエントの語りを、同じトポスに身を置く存在として体験をとおして引き受けていこうとするとき、心理臨床が生々しく息づくトポスに生きる〈わたし〉が生まれてくる。第三章で詳述するが、それはクライエントの体験であり、わたしの体験である。そのような体験から語る〈わたし〉が生まれてくる。

このスタンスに生きているとき、心理臨床の営みはきわめて生々しく活性化する。たとえば、一回五十分で面接をしている場合、クライエントが「わたしがこんなに大事な話をしているのにどうして時間だからといって終わるんですか」と語ったとき、「心理臨床は一回五十分と決まっている」との理解で臨む心理臨床家と、「五十分で終わるのが心理臨床なのか」と、そこから問いが生まれる心理臨床家とでは雲泥の差があると考えられる。後者の方が遙かにクライエントの生々しさに近い体験を生きている。結果としてどちらも時間通り終わったとしても、その回に生きた在りようは決定的に異なる。そしてその体験は心理臨床におけるクライエントとの関係にかならずリフレクトされていく。そのような体験のなかに心理臨床すなわち〈わたし〉は生きているのである。

心理臨床家には、体験を引き受ける姿勢がなければならない。そして、体験を引き受ける姿勢はフレームから理解される知識ではなく、心理臨床の生々しいトポスに生きる体験によってはじめて培われていく。「何が心理臨床なのか」との問いは、一心理臨床家としてのわたしが体験から人間を知るというスタンスに生き、そこから「何が」の応えがもたらされる〈方法〉（スタイル）を探求しようとする出発点のテーマである。ここで言う〈方法〉は、従来用いられてきた科学的方法とは異なる、いわば体験的方法という意味である[1]。

さて、このテーマに取り組むとき、わたしの体験が非常に重要になってくる。けれども、わたしの体験を語ればこの問いに応えたことになるのかと言えば、そうではない。いったいどのような〈方法〉によってそれは可能になるのだろうか。その〈方法〉はどのような世界観に支えられたものなのであろうか。

3　風景構成法の〈方法〉

ここまで、わたしが心理臨床にどのように向き合ってきたのか、どのようなスタンスで心理臨床を実践しているのかについて語ってきたが、こうした姿勢は風景構成法の実践にもまったく共通している。風景構成法は心理臨床の一技法であるから、心理臨床を実践することと風景構成法を実践することとは、根本的には同じである。したがって、これまで述べてきた心理臨床にたいするわたしの姿勢はそのまま風景構成法にも妥当する。現在のわたしは、「風景構成法とは何か」ではなく「何が風景構成法なのか」という問いをテーマとして立てて心理臨床・風景構成法を実践している。このようにテーマを設定したとき、おのずと、風景構成法体験そのものにコミットし、そこから風景構成法の〈方法〉を実践的に探求していく姿勢が生まれてくる。

ところで、風景構成法やバウムテストなど、心理臨床の実践に導入される表現技法に関する書物を手にするほとんどの心理臨床家は、そうした技法を書物から知り学ぶことで、自身の心理療法の実践に活かしていこうとする意図をもっているであろう。その行為と意図そのものは、ごく自然なものである。けれども、その基盤にある個々の心理臨床家の心理臨床観は、こうした技法の使用と理解に決定的な違いを産むことは明白である。ここで言う心理臨床観とは、たんに学派の違いなどというものではなく、きわめて実践に相即した心理臨床家の体験からもたらされる人間にたいする在りよう・向き合いである。心理臨床のプロセスの、どの時点で、どのようにして、何のために風景構成法を導入するのかなどといった実践的なことは、個々の心理臨床家が当該の心理臨床にどのような姿勢で向き合い、それをどのような姿勢でもって引き受けていこうとしているのかによって、クリアに異なってくる。そしてそのことは、既存の書物にはいっさい述べられていない。クライエントは唯一無二の個人だからである。

ここで、既存の書物から作品の解釈仮説を理解・援用しようとすることは、近代科学的な心理臨床観を背景にして心理臨床の実践に生きようとする心理臨床家の姿勢と言えるが、本書ではわたしはこうした立場にはいない。わたしは、体験からもたらされたことばをたいせつにして、そこから風景構成法理解の〈方法〉を、心理臨床の〈方法〉を探求し、ひいては人間を知ろうとする一心理臨床家として、風景構成法と向き合い、風景構成法と対話し、心理臨床のトポスに生きようとしている。本書はそうしたわたしの心理臨床観に支えられながら、さまざまな〈方法〉を試みたものである。わたしの体験が積極的に入り込んでいるという意味では、わたしの心理臨床観はコスモロジーと呼ぶこともできるであろう。

風景構成法はテストではないと、それ自身の立場を主張している。にもかかわらず、風景構成法をテストたらしめようとするところに心理臨床家の責任があるのではないか。そのような姿勢では、風景構成法を引き受け風景構成法に応えたことにはならない。これはバウムテストにも言えるであろう。バウムテストは「テスト」ではないとわたしは考えている。バウムテストは、この命名に致命的な痛みを感じているように思われる。したがって、バウムテストを心理臨床の一技法たらしめるのは心理臨床家の責務ではないかと、わたしは思っている。バウムテストが心理臨床の実践に生き生きと息づく姿を体験したことのある心理臨床家であれば、そのことがわかるであろう(2)。

さて、風景構成法にコミットするときには、大きくはふたつの視角がある。本書においてもそれぞれの視角からこれまで述べてきたような試みが展開されている。そのひとつは風景構成法作品がもたらされるまでのプロセスに焦点づけようとする視角である。この視角でのコミットをわたしは次のような姿勢で生きている。

風景構成法のプロセスを描き手とともにするとき、けっしてわかろうとする姿勢でいてはならない。クライエントが描く姿の息づかいとともに在るという姿勢でいる。その体験をとおしてはじめて「理解」が生まれようとする。風景構成法における「理解」は既存の概念との整合性を見計らう認識の事態ではなく、そのときにしか描かれない描線（風景）によって生成される「人間になる」営みの事態なのである。

いまひとつは、完成した作品に焦点づけようとする視角である。これについては、わたしは次のような姿勢でコミットしている。

風景構成法作品に向き合うとき、けっして論理的に見てはならない。解釈仮説と整合させようとして見てはならない。そうした姿勢を放棄するのだ。作品というひとつの表現の内に、描き手の息づかいを受け取ることがたいせつなのだ。それは論理性や整合性を追求する姿勢よりもはるかにたいせつなことである。そして、それこそが「理解」なのである。

さて、次章以降では風景構成法を中心に、風景構成法の〈方法〉について、いくつかの試みを展開させていくことにする。

第二章

心理臨床において風景構成法がもたらされるとき

はじめに

心理臨床の実践において、わたしと風景構成法はどのように在るのだろう。風景構成法にかかわり始めてから、もっとも多く尋ねられた内容でもある。それは、「あなたは風景構成法をどのように使っているのですか」という問いとしてわたしに投げかけられた。これだけですでに、このように問う心理臨床家とわたしの心理臨床における在りようの違いが見て取れる。とくに現在のわたしには、風景構成法を使用するという感覚はない。あるときふと、〈風景構成法のとき〉がやってくるという感覚である。これについては以降に語ることとするが、上述のような問いにたいし、わたしはこれまで、実際の事例を提示することで応えてきたように思う。けれども、それでは実際に風景構成法が描かれていくまでのプロセスを丹念に語ったことにはならない。そして、プロセスそのものを提示することがこの問いを引き受けていくひとつの方途であると思われる。この点で、「一枚の風景構成法から」という小論[1]が唯一それに応えているが、その小論を執筆した当時と現在とでは心理臨床にたいする考え方も大きく変わってきている。

そこで、本章では、現在のわたしが心理臨床のトポスに身を置いている姿を自身で見つめながら、風景構成法がもたらされるときについて、心理臨床の視点から語っていくことにしたい。本章と続く第三章は、わたしと風景構成法の在りようを取り上げている。このような風景構成法についての心理臨床からの語りは、いわば「わたしの風景構成法」の語りと言えるであろう。

1　心理臨床家の心理臨床観

心理臨床のただなかに在って、あるときふと、〈風景構成法のとき〉をクライエントとともにしたいと想うことがある。それは、箱庭のときとも、バウムテストのときとも、スクイグルや自由画のときとも異なる感覚である。それは、風景構成法でしかあり得ないときである。いったいそれはどのようなときなのだろうか。

この辺りのことについて、心理臨床学はこれまで、心理臨床家がクライエントを見立て、面接方針や留意点を決定する道具として風景構成法を用いてきたと言うことができる。心理臨床家はおもに、クライエントの病理との関連で風景構成法作品の表現を理解・解釈し、それにもとづいて面接プロセスを見立ててきた。たとえば、風景構成法が創案されたころは、クライエントを箱庭療法に導入可能かどうかを判断するために本技法が施行されることがあった。これは、箱庭療法よりも風景構成法の方がクライエントへの侵襲性が柔らかであるという風景構成法のもつ特徴にもとづいた施行である。この点で言えば、風景構成法はそうとうに侵襲性が柔らかだと言うことができる。けれども、侵襲性が柔らかだからクライエントを傷つけないという理解は誤りである。

こうした風景構成法の使用は、本技法を用いる心理臨床家の確固とした方法論にもとづいている。そしてその方法論は、心理臨床家の心理臨床観からリフレクトされたものだと言うことができる。ここでは、風景構成法はクライエントの内的状態を「見える」形で表現せしめるための道具として位置づけられており、心理臨床家はその道具を臨床操作とでも言えるようなやり方で用いようとする。ここには、心理臨床家がクライエントを風景構成法を用いてきわめて操作的に扱うという方法論を見て取ることができる。すなわちそれは、近代科学的世界観である。

近代科学的世界観にもとづいたこのような心理臨床の実践はそうとうな成果をあげてきた。そのことは認めなければならないであろう。そして、何より心理臨床家にとって、このような方法はとても理解しやすく実践しやすいもののように思われる。しかしそこには、クライエントがいて、風景構成法があって、そして心理臨床家が「いない」。正確には心理臨床家の「主観」「主観性」[2]が生きていない。このような方法論は科学的であるために、心理臨床家の「主観」「主観性」を排除する傾向を強くもっているからである。

したがって、このような方法論にもとづいた心理臨床の実践においては、心理臨床家の「主観」「主観性」が活性化することはない。これはクライエントにとってみれば、心理臨床家が「見えない」という事態を産むのではないだろうか。見えるとすれば、心理臨床家の背景にある科学的方法論の世界だろう。風景構成法やバウムテストを施行したとき、その結果を知りたがるクライエントがときおりいる。そのような事例報告を聴くにつけ、わたしはクライエントのあきらめと、風景構成法やバウムテストの暴力性を痛切に感じる。「いったいこれが心理臨床なのか」との自問が始まる。クライエントは、心理臨床の営みが科学的操作主義の下にあること、それでは心理臨床家の「わたし」をもはや知ることができないとあきらめる。風景構成法やバウムテストは操作主義の道具として用いられたのである。それは風景構成法やバウムテストが望んだ事態なのであろうか。

現代に生きるクライエントを想うとき、わたしはクライエントが心理臨床家の「主観」を痛切に知りたがっている、心理臨床家の「主観性」とともに在れるかどうかを痛切に知りたがっていると強く感じる。それはかつて、クライエントが心理臨床家の個人的なことがらを尋ねてきたときのクライエントの在りようとは確実に異なっている。クライエントは心理臨床家の個人的なことがらを知りたいのではなく、心理臨床家がみずからの在りようへのリアルな手応えを生きているかどうかを知りたいのである。なぜなら、クライエントの多くは、自身も含め現代人にそのような生を生きている姿を見ることよりも、そのような体験のほとんどない世界、すなわち「虚無」を生きている姿を鋭敏に感じており、そのような日常のなかにあって、リアルな体験の手応えを求める世界を希求してやまないからである。(3) このようなクライエントの在りように、近代科学的世界観でもって向き合うことができるのであろうか。少なくとも、そこにはわたしが生きようとする心理臨床はないし、そこには風景構成法は訪れない。

以上のように語ったことが心理臨床の現状なのかも知れないとの危惧をわたしは抱いている。シンプルに、心理臨床のマニュアル化と言える。誤解のないように付言するが、それはわたしの考え方と異なるがゆえの危惧ではなく、そのような心理臨床の在りようにクライエントが敏感に反応して強烈な反意を表明していると実感する、心理臨床の実践体験からの危惧である。クライエントはおそらく、排除される危機感を抱いているのではないかとすら思える。それでもなお、心理臨床がその道を進むのであれば、それはわたしの心理臨床とは相容れない営みになることを、わたしは覚悟している。

2　わたしと風景構成法

ここまで述べてきておわかりのとおり、風景構成法と心理臨床家の心理臨床観は緊密な関係にある。それによって風景構成法もさまざまな姿を見せてくる。

たとえば、初回面接時に風景構成法が姿を見せることがある。わたしの場合にはありえない操作的な扱いである。そもそも、何らかの心理臨床家の側の理由によってクライエントに何かがなされるときは、そのすべては操作的である。それを免れることは、おそらくないであろう。

先にわたしは、多くの心理臨床家から「先生は風景構成法をどのように使っているのですか」と尋ねられると述べたが、わたしの方から、「どのようなときに風景構成法を使われるんですか」と尋ねてみることもしばしばである。そのようなとき、「どんな風景を描くかと思って」とか「沈黙がちであまり喋らないから」、あるいは「クライエントの病態水準を診ておきたいから」といったステレオタイプで操作的な応えを聴くことがほとんどである。不思議である。なぜなら、きわめて素朴に、日常、自身の心理臨床について思いを巡らせているのであれば、「わたしの心理臨床における必然性にもとづいて」とか「なんとなく、しかしたしかにここで、といった感じのとき」との応えがもっとあってしかるべきだと思うからである。

風景構成法が行なわれるときは、心理臨床家に当該の心理臨床における自身の心理臨床的必然性がなければならない。それがなければ、「なぜ、こんなことをさせるんですか」などと、操作的であることをクライエントが主張したときに、心理臨床家には語れることばがない。すなわち、操作的であるがそのことをクライエントに納得してもらうだけの専門家としての語りがないのである。それは、心理臨床家としては大いに問題であるとわたしは思う。「初回面接だから、どんな風景を描くかと思って」といったような応えは問題外である。興味本位で心理臨床をやっているのであれば、まったくどうかしている。かりにその応えが心理臨床家にとって心理臨床的な興味であったとしても、そうであるなら、なぜそう思ったのかを明確に語るべきであろう。わたしの初回面接時に風景構成法がもたらされないのは、それによってクライエントが確実に傷つくとわたしが確信しているからである。いずれ何度も回数を重ねてお会いするなかでおのずと語られたり描かれたりすることを、初回に「暴き出す」「えぐり出す」感覚をわたしは拭い去ることができない。わたしはそういう心理臨床家である。わたしが風景構成法をともにしたいと想うときは、実感としてはクライエントの病理とは無縁のときである。むしろ、当該のクライエントとの心理臨床のトポスが風景構成法のときを告げているという感覚が強くある。したがって、クライエントでもなく心理臨床家でもなく、「何か」が〈風景構成法のとき〉を告げていると言うこともできるであろう。その「何か」とはいったい何であろうか。心理臨床の特質としてわたしが考えていることを中心に、このテーマについて語っていこうと思う。

3　心理臨床における継続性

まずは心理臨床の営みを、ごく素朴に語りながら、そこに在る不可避の事態について考えてみよう。

心理臨床は当該のクライエントに出会うときから始まるのではない。当該のクライエントもわたしも、現在このように生きていることの背景には、すでに忘れ去られたことから今もなお色濃くその存在を主張することまで、あらゆる体験の事態を背負っているのである。すなわち、クライエントもわたしも、互いの歴史性を背負いながら出会うことになるのである。たとえば異性のクライエントと出会うことがわかっているとき、心理臨床家のなかには自身が男性であることにまつわるさまざまなことに思いを巡らすこともあるであろう。それはクライエントとて同じであろう。出会う以前にすでに互いの歴史性は活性化し始めているのである。出会う予定の朝にクライエントの夢を見る心理臨床家もいる。実際に出会ってもいないのに、である。

このようにみると、心理臨床家にとってクライエントと出会うということは、自身の歴史性という視野に在って、さまざまなことと繋がるクライエントをイメージすることに他ならない。心理臨床家の内には、父親や母親など存在する（した）多くの人物との体験がイメージとして生きている。そのようなイメージとクライエントは繋がっていく。わたしは心理臨床家であるから、このような体験の手応えを実感として抱いている。

クライエントにとっても、たとえばクライエントが子どもの場合と成人の場合とでは異なる面も出てくるだろうが、事態はさほど変わらないであろう。すなわちクライエントもまた、自身の内に、存在する（した）多くの人物との体験がイメージとして生きており、そのようなイメージと心理臨床家は繋がっていると言うことができる。

わたしはクライエントではないから、以上のようなことをたしかなこととして述べることはできないが、教育分析を受けた体験からは、クリアな手応えとしてあると言うことはできる。すなわち、クライエントも心理臨床家も、出会う前からすでに「関係性」(4)に開かれようとしているのである。

そうして、クライエントは心理臨床家と出会う。双方にとって、かならず別れが来ることを覚悟しなければならない事態でもある。出会いがあればかならず別れが来る。双方はこれまでそのように人と出会い別れてきた歴史を積み重ねている。そして、別れた人はイメージとして自身の内に生きている、そのようにして人生の歴史を刻んできている。今回の出会いもまた、そのようにイメージが自身の内に生きる体験を不可避として関係を紡いでいく、人間の人間たる本質体験である。この意味で、イメージは実在である。

ところで、風景構成法に描かれる十個のアイテムは、描き手と見守り手双方にとって日常体験においては既知のものである。このことは、これらアイテムに双方の歴史性が生きていることを意味している。描き手が「川」ということばからイメージする川と、見守り手のそれとは異なって当然である。異なる歴史を生きてきたのであるから。けれども、心理臨床の営みからすると、この出会いによって双方ははじめて、これらアイテムを心理臨床の体験としてあらたに生きることになると言える。すなわち、クライエントと心理臨床家の関係はクライエントとアイテムの関係に輻輳し、風景構成法における表現にリフレクトされると言うことができる。このようにみると、初回面接時の風景構成法の施行は、クライエントの過去の歴史性を「暴く」印象が強くある。この意味でも風景構成法は、ときに暴力的に危険にふるまうと言うことができる。それがいかに心理臨床の今後の継続に心理臨床的意味をもつとしても、わたしはクライエントの過去の歴史性よりもクライエントとこれから築いていく関係にコミットする心理臨床家として在りたいと考えている。

場所・時間・料金という心理臨床の構造は、これまで述べてきた双方の歴史性からもたらされたイメージを面接空間に封じ込める機能を果たしている。たとえクライエントが母親との確執をいかに語ろうとも、実際の母親がその場にいるわけではない。クライエントが語る母親との確執はクライエントの歴史性における母親との体験のイメージによる語りである。そしてそれを心理臨床家は実在として聴き入るのである。このような営みは心理臨床の物理的な構造と、心理臨床家との関係という心理的な構造によって支えられて展開していく。イメージが豊かに活性化しその機能を高めていく。まさしくイメージは実在と感じられてくる。このようなイメージの活性化がイメージ表現、風景構成法表現にリフレクトされる。すなわち、封じ込められたなかでの心理臨床家との関係と機能をとおして、その営みが風景構成法として出現するのである。

このような営みは、数か月、数年、十数年と続いていく。これが心理臨床の継続性である。毎回毎回の営みは、さながら一片の塵のように積もり、塵は積もり重なって心理臨床家との関係を築き歴史性となっていく。このような地道な積み重ねをとおして、クライエントが生きるリアルな手応えがもたらされてくるときを心理臨床家は待つのである。けれどもわたしは、最近そこに「宗教性 spirituality」が強く作用してくることを実感している。それは、このような語りとは次元の異なる人間の在りようである。

われわれが営んでいる日常は、表層的には時間に支配されている〈生〉である。過去・現在・未来へと続く時間軸をわれわれは生きている。そのような視角から心理臨床を見つめることがごく自然に行なわれている。そして、継続性が心理臨床にとってきわめてたいせつなこととして捉えられている。わたしはそれが誤りであるとは思わないが、継続性という考え方もまた、近代科学的世界観にもとづいたものであることを忘れてはならないと考えている。この意味で、心理臨床家はこの継続性ということをあまりにも自明でたいせつなことであると思い込んでいるように、わたしには感じられる。けれども、心理臨床を機能せしめている本質は継続性にあるのではなく、継続性を自明と思い込むことで死角となる「一回性」という事態なのである。宗教性の作用はこの次元における人間の在りようである。

たとえば、その回に創った箱庭作品をクライエントがそのままにしておいてほしいと語ることがある。ここでクライエントの内には継続性が非常にたいせつなこととして生きている。それにたいして心理臨床家はどのように応じるであろうか。その面接室は他のクライエントも使用するので、箱庭作品を片づけて、次回に当該のクライエントが来談する前に復元しておく心理臨床家もいるだろう。他のクライエントも使用するという同じ理由でクライエントの提案を断る心理臨床家もいるだろう。そのようなとき、心理臨床家の内にはどのような心理臨床観が生きているのであろうか。いずれにしても、そこに、継続性のたいせつさを充分に知りながらも、一回性に生きる心理臨床の本質に触れている心理臨床家がいなければならない。次回、クライエントが来談したとき、心理臨床家の手が入った箱庭を目の当たりにして、前回の箱庭作品とそれを創った体験がクライエントの内に実在するイメージとして生きながら、この回の一回性を生きることを覚悟する、そのような心理臨床のトポスに心理臨床家は生きるのではないかと、わたしは考えている。

4　心理臨床における一回性

心理臨床は継続するものではない。一回一回のクライエントと心理臨床家の在りようがある、ただそれだけである。現代においてはとくに、この一回性への自覚が乏しい心理臨床家が多いのではないかとわたしは感じている。

一回性とは、端的には仏教用語にある「一期一会」の意である。面接のその回は、もう二度と訪れない。同じ面接は二度と訪れない。このような真実に静かに向き合っていると、人と人が出会うことの不可思議さに圧倒される。

ある回の面接が終わり、次回の約束をしてクライエントと別れる。次回約束の日、クライエントは姿を見せない。心理臨床家はどうするであろう。これまでの面接記録を読み返すか……。クライエントに電話をかけるか……。手紙を書くか……。何もせずにいるか……。当該の面接のそのときどきでもちろん対処は変わるであろう。しかし、対処は変わっても心理臨床家を支える心理臨床観は変わらないであろう。それはいったい何であろう。心理臨床家個々の心理臨床観についてはとても言及できる立場にないが、わたしにかぎって言えば、それは、面接の一回性をリアルな手応えでもって体験できる関係にコミットする在り方である。そのために、一回性がもつ抗いようのない事態のなかでクライエントが体験する生にじっと向き合い、ともに在ること、それは、一回一回がまったき事態であり、「一にして全」である在りよう、すなわち一回限りであると同時に無限であるというかけがえのなさ・無力感・茫漠感に身を委ねることである。そして、継続性といった表現が誘う肯定的な側面にのみ目を奪われないことである。そうしたコミットのなかにクライエントが生をまなざしていること、自身のテーマと向き合おうとする思いがあること、来談への一歩をたしかに感じること、心理臨床家と関係を築いていこうとすること、こうした在りようを心理臨床のトポスのなかで心理臨床家としてどれほど生きることができたか、クライエントとともにすることができたかを、わたしはたいせつにしている。

心理臨床が始まってしばらくは、スムースに展開すると言うよりは関係を繋ぐための波長合わせ期間が続くことが多い。もちろん、個々の面接で異なるので一概には言えないが、クライエントと心理臨床家双方は関係を築いていく在りようにコミットしていく。それは表面的には継続性へと向かう営みに見えるであろう。けれども、継続することが良いことだと思い込む愚を犯してはならない。たいせつなのは、関係が築かれていく在りようにコミットすることなのである。クライエントであれば「この人とだったらやっていけるだろうか」といったようなことに思いを馳せ、心理臨床家であれば「この人が抱えるテーマに自分は向き合っていけるだろうか」といったようなことに思いを馳せるであろうか。このようなコミットのなかで、ときに一回性の在りようを共有したいと思うことがある。かけがえのなさを忘れないための布石がほしいと感じるころである。それは、関係がほぼ繋がれかかってテーマが両者に共有されるころであろうか。そのころに風景構成法はやってくる。誤解のないように付言すると、わたしが風景構成法を施行するときを見計らっているのではなく、心理臨床のなかでそのときがもたらされるのである。したがって、同じようなころであっても風景構成法がやってこないときもある。すべては個々の面接の状況に拠る。

さて、ときに数年続く心理臨床であれば、心理臨床家は継続性を自明と思い込み一回性を生きることがむずかしくなることがある。一回性がもつかけがえのなさに思いを馳せることがむずかしくなる。端的に、クライエントは二度と取り返すことのできない自身の人生の時間を費やして心理臨床家に会いに来ているということを、心理臨床家がリアルに感じることがむずかしくなる。すでに述べたが、これはわれわれが現代という時代を生きていることと無縁ではないだろう。けれども、心理臨床は、表面的には継続性という表現であっても、その本質は一回性の営みにあるのである。このようなときに、風景構成法はやってくる。そのときわたしには、一回性の在りようをクライエントと共有したいという思いが強くなっている。初回面接でクライエントに出会うときのような感覚に近くなる。もちろん個々の面接で事情は変わるので一概には言えないが、このようなときは、面接の変わり目のときであることが多い。

このようにみると、心理臨床における本質の在りようとしての一回性の体験を心理臨床が求めているときに風景構成法がやってくると言うことができる。それは風景構成法こそがまさしく一回性を生きているということでもある。

風景構成法の具体については後の章で詳述するが、風景構成法が一回性を生きているというのは、端的に同じ作品は二度と描かれないということを意味している。風景構成法が描かれる数時間前、そのようなものはこの世には存在しなかった。そして、存在しなくともクライエントも心理臨床家も生きてくることができた。しかし、〈心理臨床のとき〉は風景構成法を告げている。風景構成法作品が描かれた約一時間後、それまではこの世に存在しなかったものがこの世に生まれた。否、クライエントと心理臨床家の関係によってこの世に産み出されたのである。それはまさしく創造である。そして、この、産み出された作品と同じ作品は、どんなことがあっても、誰も二度と描くことはできない。まさに一期一会である。両者は風景構成法を創造した。この創造に両者が与《あずか》った体験、その体験がその後の心理臨床にリフレクトされていく。風景構成法はそのような創造に与る営みとして機能するのである。この、風景構成法のもつ一回性が心理臨床にとっていかにかけがえのない体験であるかを両者が胸に刻むために、クライエントは作品に署名をするのである。その日そのときを両者が生きて在る者としてともに過ごしたこと、二度とその体験は人生には起こらないこと、そのことのかけがえのなさをともにできたこと、まさしく万感の想いをもってわたしはクライエントの署名を見守る[5]。

　数年以上の長い期間、心理臨床が継続している間、上述したようなときは、ときおり訪れてくる。そして、ひとりのクライエントとの数年にわたる面接のなかで風景構成法が複数回描かれることがある。いずれも一回性の現われであるが、それら複数の風景構成法作品は、時系列に沿ってみればひとつの継続性があると言うこともできるであろう。終結に向かいつつあるときに、クライエントと一連の作品を眺めてみることもある。クライエントにとっては、過去に生きた自分を見つめることであるから、それはそれでそうとうな覚悟が必要だと思われるが、そのような過去を生きたことは事実として消えようもなく、それをクライエントが抱えて生きるときをともにする感覚で心理臨床家はそのトポスをともにする。過去の事実を抱えて、先をまなざしながらいまを生きるクライエントに出会えるときでもある。そこには心理臨床の一回性がかならず生きている。

第三章

風景構成法の具体と心理臨床

はじめに

本章では、風景構成法の実践にともなうさまざまな具体的ことがらについて、わたしのこれまでの体験にもとづいて心理臨床の視点から語っていくことにしたい。

1 風景構成法の用具

風景構成法の用具は、Ａ４判の画用紙、黒のサインペン、二十四色程度のクレヨン（クレパス）の三つである。これらを用いる理由については、すでにある程度の説明はあり、納得できるところも大いにある。[1] けれども、わたしは、これら用具の使用にそうした説明以上に心理臨床的意味を感じている。ここであらためて、最近のわたしの考えを述べることにする。

画用紙

画用紙はA４判（二九七×二一〇ミリ）の大きさになっているが、なぜだろう。実践感覚としては、五十分という一回のセッションに収まる大きさであるということが言える。かつて、風景構成法表現の年齢発達にともなう変化を調査研究していたとき、保育園児の描く風景構成法をともにしたことがあったが、彼・彼女らの描き方はほんとうにダイナミックであった。床に直接画用紙を置いて描くのだが、「川」と告げただけですでに枠をはるかに超えて床にまでサインペンのラインが伸びていく様からは、画用紙のあまりの小ささと表現欲求の強烈な豊かさを感じさせられた。表現欲求の豊かな描き手にとってはA４判は小さすぎるとわたしは思った。

一方、わたしはかつて、十年以上にわたって単科精神病院および外来心療内科クリニックで風景構成法を実践してきたことがあったが、そこでの体験は保育園児との体験とはきわめて対照的であった。たとえば、ある統合失調症のクライエントは、「川」と告げると画用紙にさらにみずから五センチ四方程度の枠を描いてそのなかに漢字の「川」を描いたのである。それは、最後のアイテムである「石」まで続いた。このクライエントの表現欲求は風景構成法では果たし得ないことを強く認識する一方、画用紙が大きすぎることを痛感した。このような体験は、病院臨床を続けるなかで、幾度となく体験された。病院臨床で風景構成法をよく用いる心理臨床家に尋ねてみたところ、やはりA４判では大きすぎるのでB５判を用いているとのことであったが、それはわたしにも大いに頷けることであった。

このような体験から、現在のわたしは画用紙の大きさにはこだわらず、クライエントの表現欲求との兼ね合いで判断することにしている。とは言っても、やはりA４判はそうとう適切な大きさだという印象は強くある。

ところで、通常は文具店でA４判の画用紙は販売されていない。四つ切り、八つ切りという大きさの規格で販売されているからである。どのような経緯で複写紙の規格を用いるようになったのかは定かではないが、たしかに八つ切りでは大きい実感がある。バウムテストの用紙が同じA4判であるのと関係があるのだろうか。この辺りの歴史的経緯のなかに心理臨床的なエッセンスが含まれているようにも思われる。

さて、黒のサインペンで画用紙にラインを描くと、画用紙によって、描かれたラインは異なる様相を見せる。画用紙の表面の艶の影響である。些細なことのように思われるかも知れないが、描いてみると手に与える抵抗感にかなりの差があることがわかる。この辺りは、自分が心理臨床家としてどのような在りようでクライエントと向き合おうとしているのか、個々の心理臨床観との兼ね合いで判断していくことが適切であろう。自分が納得できる画用紙の大きさと質であれば、それがクライエントと風景構成法をともにできると判断できるものであればそれでよい。

サインペン

サインペンはなぜ黒色なのかと、あるセミナーで尋ねられてうまく応えられなかった苦い記憶がある。いま思うと、黒以外の色では彩色ショックを引き起こしやすいからではないかと思う。黒色で描くというのは、それほどわれわれの生活に密着して馴染んでいる事態なのだろうとも思う。

さて、なぜ鉛筆ではなくサインペンなのか。これについて山中康裕は「クレパスで色を塗った際消えてしまう描線も、裏からすかせば、はっきりと認められることができる点と、消しゴムの使用ができぬ点にある。むろん、そのやわらかさ、滑らかさにより、描きやすくなっている点も見逃せない」と述べている[2]。またわたしは、消しゴムが使えない理由として「消しゴムが使えないことは描き手にとっては心的負荷になるが、その反面、風景構成法のもつ〈構成〉の特性を保護する」と指摘している[3]。

これらの指摘は一見、的を得ているように見えて、いずれもきわめて納得しがたい印象がわたしには強くある。たしかに、山中の指摘するように彩色の際に消えてしまう描線があることは、それほど多くはないが、たしかにある。しかしわざわざ裏から透かして見ることはほとんどないし、また、画用紙の厚さによってそれも変わってくる。わたしはそのことの心理臨床的理由をあまり感じない。また、やわらかさと滑らかさにより描きやすくなっていると言うが、これも画用紙の質との兼ね合いであり、また描きやすい鉛筆も実際にある。この点にもわたしは意味を感じない。そして、消しゴムを使えない理由としてわたしは、描き手の心的負荷と構成の特性の保護という両面をあげているが、この記載も風景構成法を突き放した表現であるといまは感じている。

以上を踏まえてわたしは、風景構成法にサインペンを使用する理由として心理臨床家がかならず応えねばならないことは、描くと消せないことをどのように引き受けるのか、ということではないかと考えている。

バウムテストであれば鉛筆と消しゴムを用いるので、描線を納得いくまで描いたり消したりすることができる。これにたいし風景構成法では描いた描線は消えない。描いた描線を消したいと感じていることがクライエントから伝わってくるときをともにした心理臨床家は多いと思われる。そのようなとき、心理臨床家はどのようにコミットしたのであろうか。そうして、それによって心理臨床のトポスはどのように機能したのであろうか。

いろんなクライエントがいる。描線を見て、「紙を取り替えて下さい」「この線はなかったことにしていいですか」「しまった、これはまずいですよね、どうしましょう」などと語る人。あるいは、そのまま手が止まってしまう人、消したい描線をサインペンでなぞってよけいに目立ってしまい狼狽する人など、クライエントはほんとうに多様な在りようを見せる。けれども、どの場合も共通しているのは、心理臨床家はその描線をたんなる描き損なった描線とみてはならない、ということである。そして、どの場合も何らかの〈救い〉をクライエントは心理臨床家に求めている、ということである。風景構成法は心理臨床の一技法であることを思い返してみると、こういうときほど、心理臨床的なコミットが求められていることはないと言えるのではないだろうか。そこには、たんなる描き損なった描線が在るのではない。クライエントと心理臨床家との関係において〈傷〉が描出されているのである。そのように双方が描線を体験することで、そこに心理臨床が機能する。そして、そのように心理

図３-１　鉛筆による素描と水絵の具による彩色

臨床家は描き損なった描線を引き受けるのである。

このことをバウムテストと比較してみるといっそう関心深い。バウムテストでは、鉛筆と消しゴムを使うので、クライエントのイメージと近似した樹木が描かれることになる。そのプロセスに「描く→消す→描く」の繰り返しがある。心理臨床家はそこに直接的にコミットすることはない。それはクライエントがみずから行なう作業だからである。ここにバウムテストの心理臨床的機能があると言うことができる。クライエントがみずから行なう作業によって、クライエントはみずからのイメージに近似した樹木を描くのである。

これにたいし風景構成法は、後述するように心理臨床家とのやりとりによって風景が少しずつ描き加えられていく。そのプロセスには心理臨床家の直接的なコミットがある。実際に描くアイテムを告げるのは心理臨床家である。そうして、ある時点でクライエントは描き損なう。そこには描線が残る。けっして消えない。消えない描線を風景構成法は描出したのだ。それをクライエントの〈傷〉として、心理臨床家はクライエントとともに引き受けていこうとする。ここに風景構成法の心理臨床的機能があると言うことができる。クライエントは心理臨床家とのやりとりをとおして、描出されたみずからの〈傷〉を受け入れていこうとするのである。

さて、では風景構成法ではかならずサインペンを用いなければならないのであろうか。これについては、クライエントとの関係によって柔軟に対応することが必要であることを強調しておきたい。上述したようなことはしっかりとした関係に支えられている場合や、〈傷〉を直視しそれに向き合えるクライエントであれば可能だが、クライエントが抱える〈傷〉も、その〈傷〉を担った時期によって、〈傷〉の深さによって、向き合えるかどうかは異なってくる。鉛筆を希望するクライエントもいる。そのとき、心理臨床家がどのように応じるのか、すべては心理臨床のトポスを心理臨床家がいかに生きようとするのかに委ねられる事態である。たとえば、図3－1では鉛筆が用いられている。このときのクライエントにはサインペンは無理であった。鉛筆で表現したいと語ったクライエントのこうした欲求を、わたしはたいせつに引き受けようとした。

ところで、最近はサインペンにも多くの種類がある。やはり、いろいろ試行錯誤してみることはたいせつであろう。自分がもっともなじめるサインペンを用いるのがよいだろう。いくぶんこだわりすぎではないかと思われるかも知れない。わたしもかつては拘泥しなかった。けれども、自分がなじむ画用紙、なじむサインペンを用いると、クライエントがそれらを使うそのときどきに、心理臨床家は、どきどきしたり喜んだり複雑な思いを抱いたりするのである。それはまさに、描画という営みがきわめて心理的な作業であることを教えてくれる。

彩色用具

彩色は、いわば塗り絵である。しかし、風景構成法の場合はみずから描いた素描の風景に色を付けるという点で、通常の塗り絵とは異なる。感情がしばしば色に喩えられるように、一般に色を塗るという営みは人間にさまざまな感情を喚起させる。ましてや、みずからの素描線でできている風景に色を塗る営みは、クライエントにとってほんとうにさまざまな感情を喚起させるであろう。彩色用具はそのような営みに用いられる。わたしは、通常は二種類の彩色用具を、いつでも取り出せるようにしている。ただし素描のときには、彩色用具をたしかに用いるとはわからないように、それとなく置いておく。用具は、二十四色程度のクレヨン（クレパス）と同程度の色種の色鉛筆（クーピーペンシル）の二種類である。この程度の色種であるのは、色を混ぜて使うこと（混色）のむずかしいクライエントにとっては、イメージに近い色が用意されていることが表現としてみたときにたいせつであるとの見立てからである。

用具の種類であるが、色鉛筆よりもクレヨン（クレパス）の方が、描かれた描線がクライエントに与える心理的影響が大きいように思われる。加えて、後者はほどよい退行を促す効果が色鉛筆よりも強いようで、それがクライエントの状態によってさまざまに影響を与えることを考慮して、二種類の彩色用具を用意して、基本的にはクライエントに選んでもらうことにしている。この辺りも心理臨床的にたいせつなところだとわたしは考えている。

ときに、クレヨン（クレパス）も色鉛筆も使えない状態のクライエントがいる。あるクライエントが「水絵の具ありますか」と尋ねてきたことがある。それは奇をてらったのではなく、ほんとうにぎりぎりの選択であったと、当時のわたしには思えた（図3－1、口絵1）。場合によっては、このような準備も必要であろう。

これら彩色用具も、先述したように自分になじむものがよい。この意味では、パステルもあってよいし、他の彩色用具があってもよい。

2　風景構成法のプロセス

以降では、実際場面で生じていることを含めながら、体験からもたらされたわたしの臨床的な実感や、そこからわたしが考えていることなどを語っていくことにする。

クライエントが素描に入るまで――〈わたし〉の生成

前章で述べた、風景構成法がもたらされるそのときがやってきた。「絵を描いてみようか」と、わたしから語る。ほとんどの場合、クライエントは拒まない。そうとう長く逡巡するクライエントがいるが、そのときは、そのためらいそれ自体が風景構成法だとわたしは思う。たいせつなことは、作品を完成させることが風景構成法の目的ではない、ということである。風景構成法がもたらされたときから、その一瞬一瞬を心理臨床のトポスにおける体験としてクライエントと心理臨床家が生きていくことがたいせつなのである。

画用紙を手に取り、黒のサインペンで枠づけを始める。一辺を引き終わったころ、深呼吸をして、「風景、景色をね、描いてください。わたしの言う順番で描き込むとひとつの風景になるようにできています。もちろん、うまい下手は関係ありません。描きたくなくなったら言ってください」と伝える。枠づけをしているからクライエントの表情は見えないが、枠づけをしているわたしは確実にクライエントに見られている。それをひしひしと感じる。また、わたしが語った内容が伝わったかどうかも、わたしはたしかに感じることができる。

枠づけが終わり、クライエントを見て、枠づけされた画用紙を横向きにして、テーブルの上には置かずに直接手渡しする。サインペンもキャップを閉じずにそのままをクライエントに手渡しする。クライエントは、すっと受け取ることもあれば、わたしをじっと見つめて受け取らないこともある。受け取って縦向きにしてわたしを見つめることもある。わたしは、ひとつひとつの事態をクライエントとの心理臨床の体験としてたいせつに引き受けていく。

このように、風景構成法が描かれる前からすでに、この技法はクライエントと心理臨床家とのやりとりが織りなされ、心理臨床として機能していることがわかるであろう。したがって、心理臨床家個々がそれぞれの臨床感覚で、素描に入るまでの段階を、試行錯誤しながら自分にもっともなじむスタイルにしていくことがたいせつである。次に記すのはわたしの心理臨床体験からの感想である。

クライエントを描画表現にいざなうことは、クライエントに大きな覚悟を強いることだろう。これまでイメージしていたさまざまなことが目に見える形として現われてくるわけだから、そのことによる衝撃はときにはきわめて強烈であろう。同時に、わたしにとっても大きな覚悟を強いることになる。わたしはクライエントとともに、何かが産み出される創造の営みに、描画という具象的な在り方でかかわっていくことになるのだ。描かれていくプロセスも結果もすべて心理臨床家として引き受けていかねばならない。

枠づけはいつも緊張する。クライエントの視線を痛いほど感じる。枠づけはかならずクライエントの眼前でフリーハンドで描くのだが、そのことの心理臨床的意味を痛感する。枠の描線を引きながら、活性化しつつあるその場をことばによって統制しないようにこころがけて、描く手続きを伝えることにしている。けれども、風景構成法のことばは暴力的だなあと、このときしばしば思う。わたしは、ことばによって表現そのものを切断しコントロールしようとしている。あらゆる技法がそうであるが、風景構成法によってクライエントが生きている世界のすべてが表現されるわけではない。わたしとの関係のなかで、わたしが描いた枠によって、いわばクライエントは、自身の世界が切り取られ心理臨床のトポスに差し出されるのを見るのである。そういう枠を描いている自分を強く意識させられるときである。

枠づけが終わった画用紙を見るといつも、これは画用紙ではないなあと思う。枠はクライエントの描画表現を護ると同時に強いるという二重性はすでに指摘されているが(4)、それならば、クライエントを護る枠をわたしは描けたのだろうか、どうすればそのような枠が描けるのだろうか、と思う。それはわたしの心理臨床にたいする姿勢によって決まるだろう。そんなことを思いながら描かれた枠を眺めると、クライエントによって、心理臨床の状況によって枠の描線も変わるなあと感じる。心理臨床にたいする姿勢は一貫していても、わたしはいつも同じ枠を描いているわけではないのだ。枠づけが終わった画用紙はすでに画用紙ではなく、そこにわたしのそのときその状況に即応した「何か」が含み込まれている。したがって、それは画用紙ではない「何か」であって、わたしはそれをクライエントに手渡すのだなあと強く感じる。クライエントはそれにどのように応えてくれるだろうか。そこに、クライエントの「何か」が含み込まれていく。そのようにして在るそれは〈わたし〉とでも呼べるものであろう。[5] クライエントは護られていると感じるだろうか、強いられていると感じるだろうか。

わたしは「何か」が含み込まれたそれをクライエントに手渡す。それはテーブルに置けるようなモノではないのだ。クライエントに渡るまでに他所に触れてしまってはならないもののように感じる。クライエントとともに引き受けていかねばならないと感じる。それからサインペンを手渡すが、それもまったく同じ感覚である。

クライエントの素描——心理臨床家とのやりとり

素描段階では、心理臨床家が伝える十個のアイテムをクライエントは順に描き込んでひとつの風景を仕上げていく。この際、十個のアイテムを伝える場合すべてに共通することを、「川」を例にとって語ることから始めていきたい。

心理臨床家は「じゃあ、川を」と伝える。そのとき両者の間にもたらされた「川」とはいったい何なのであろうか。当然ながら、心理臨床家がイメージする「川」とクライエントのそれとは異なるであろう。「川」という言語表現は共有されても両者にとって「川」という言語内容は異なるであろう。両者の生きてきた歴史がそこに息づいてくるからである。わたしはここに、風景構成法の心理臨床機能を強く実感している。

「川」ということばが心理臨床のトポスに漂うとき、このことばは「川」というあらゆる意味の世界に開かれていると言える。そこにクライエントの歴史性が生きてくると言うことができる。だからこそ、川が描かれたとき、心理臨床家の歴史性が交錯し、そこに驚きや発見といった体験が生じるのであり、その体験が心理臨床を機能せしめるのである。このことは、換言すると、「川」によってクライエントにもたらされる内容は無限にあり、ある内容が心理臨床家との関係のなかで描かれるのを待っている事態と言うことができるであろう。

クライエントと心理臨床家にとって「川」という自明の表現が自明でなくなる、すなわちあらゆる可能性を秘めたものとして心理臨床のトポスに生きる、そうして「川」はあらゆる可能性に開かれてゆき、両者はそのような体験を生きることになる。ここにこそ、個と個が出会うことの本質が秘められているようにわたしには思われる。それはすなわち、あらゆる可能性から「川」が体験され描かれていく世界を両者が共有していくプロセスである。

このようなことが、基本的には十個のアイテム描画それぞれに生じていると言える。ただし、順に描き加えられていくわけであるから、すでに描かれたアイテムはこの体験プロセスに影響を及ぼすことになる。第一アイテムの「川」であっても、そのときはすでに枠がこの体験プロセスに影響していると言える。換言すれば、そうした体験プロセスをとおして風景が構成されていくということである。では、アイテムごとに順に見ていくことにしよう。なお、誤解のないように付言しておくが、以降の語りは固定したものではなくクライエントの年齢や状況によって柔軟な対応になっていくものであるのは、当然である。ここに語ったのは、わたしがクライエントと風景構成法をともにするときの根幹を成す姿勢である。

【第一アイテム　川】

クライエントは〈わたし〉をテーブルに置き、手渡されたサインペンを手にする。ときに、じっとわたしを見つめるクライエントがいる。わたしは視線と手でクライエントの目線を〈わたし〉にいざなう。どんな場合であれ、クライエントが枠づけされた素白の空間に目をやったそのときに、「じゃあ、川を」とクライエントに伝える。そのときが表現のときだとわたしは実感するからである。どんな川が描かれるのだろう、ではなく、クライエントをとおしてどのように〈わたし〉が切断されるのだろうと思うと、わたしはとても緊張する。

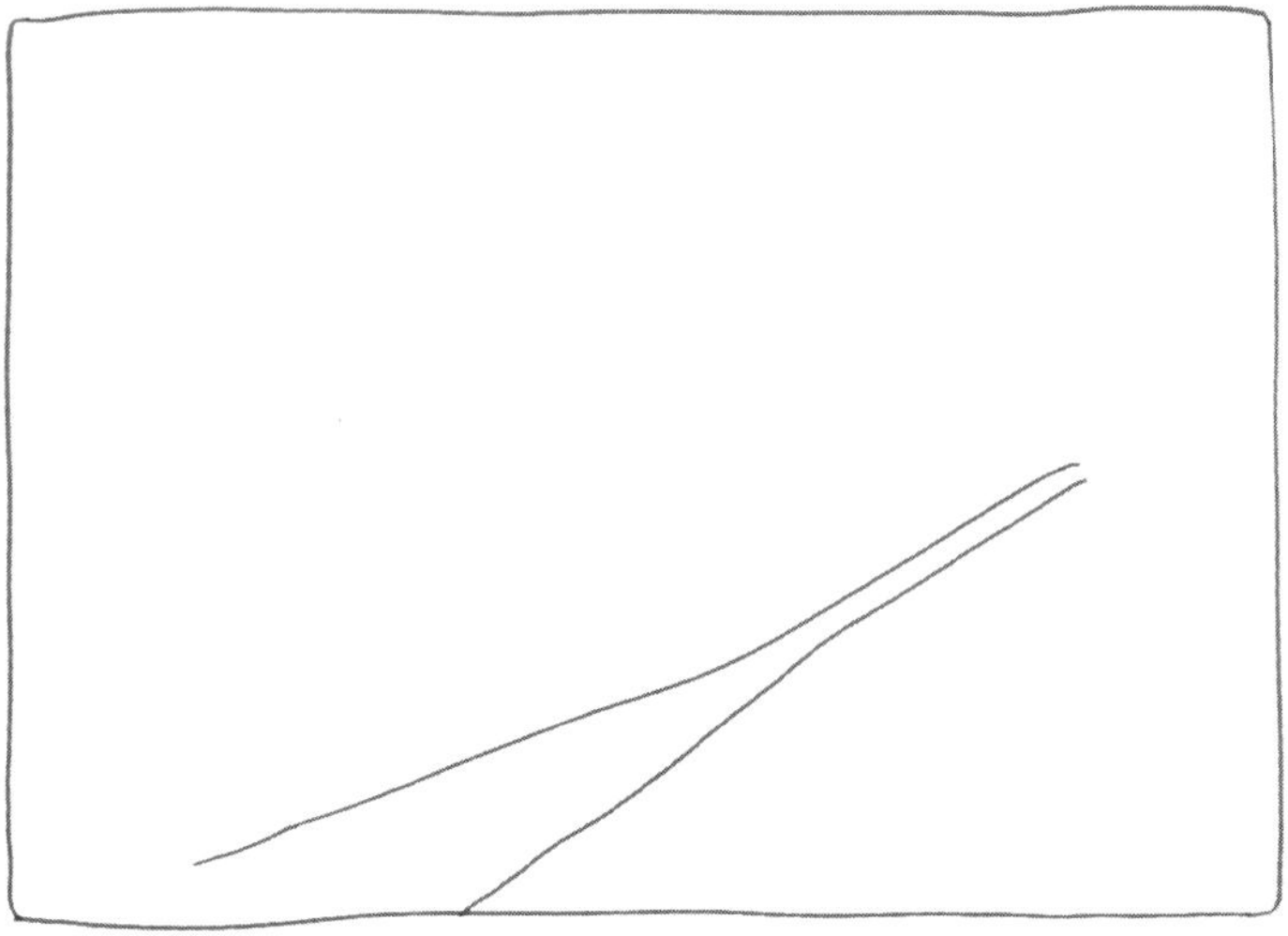

図3-2　川による切断・分割

「川」が第一アイテムである理由については、これまでさまざまに語られてきた[6]。また、人間が風景を描くとき、制約がなければほとんどの場合は「山」から描くとの報告もある[7]。それでは、風景構成法においてあえて「川」を最初に描くのはなぜなのだろう。これまでの諸家の説明はそれなりに納得できるものの、臨床的意味を充分に伝えたものではないとわたしは思う。少なくともわたしが風景構成法を実践するのであれば、わたしの臨床にとっての意味がここになければならないだろう。

「川」が描かれることによるもっとも大きな衝撃は空間の切断である（図3－2）。それはたんに空間が切断されるということではなく、〈わたし〉が切断されることなのだと、わたしは強烈に感じる。そして「人間の生」に思いを馳せる。「川」と「人間の営み」の歴史に思いを馳せる。ときに川は、人間の営みに潤いと豊かさをもたらしてきた。またときに川は、人間に切断された生を強いてきた。「舟遊び」「渡河」「川下り」など、人間と川はほんとうに密接にその生をともにしてきたと言える。

また、人間は分節化しなければ生きていけない存在である。聖書創世記を想起すればたちまちのうちに了解できるが、まず「分かたれる」ところから人間の生は始まる。そうして、幾多のものに名称を付与して分節化し類型化して、それによって整合的な在りようをこの世にもたらしてきた。「私」などと一人称が語れるのも「あなた」という相手がいるからである。ここにも分節化が生きている。

このように思うと、最初に「川」が描かれることによって、クライエントをとおして〈わたし〉が切断され分割されると言うことができる。それは、クライエントとわたしとの間に「何か」が生成されてくる瞬間である。切断がすべての始まりであり、そこからしかすべては始まらない。風景構成法はたんに風景を描くというものではない。それはクライエントの生を、クライエントの在りようを、わたしとともに見つめ続ける営みなのである。したがって、風景構成法において「川」が最初に描かれることによって、風景構成法はクライエントとわたしに、さながら〈おまえたちは人間であることを思い知れ！〉と告げているように、わたしには感じられる。川が描かれることによって、クライエントとわたしは人間であることを思い知り、人間になろうとするのである[8]。

かりに、「山」が最初に描かれるとすると、ほとんどの場合、山は遠景に配置される（図3－3）。それにより空と大地という分割が生じるが、風景構成法が二次元平面に生きる技法であることを思うと、空への意識ははるかに薄く、中・近景への意識が濃くなる。したがって、現象としては分割が生じていても、心理的には生じていないと考えることができる。

それでは、どうして「道」が最初ではいけないのだろうか。その応えはクリアだろう。道は基本的には、人間が誕生しなければ造られないからである。

以上のようにわたしは考えている。加えて、現代という時代における特徴をもここに見る。それは、現代人が切断の痛みに非常に鈍感になっているのではないかということである。現代の情報機器の飛躍的な発展は、いつでも繋がる関係を保証するという意味で切断の痛みを感じさせないほどである。それればかりか当人にとって悪し

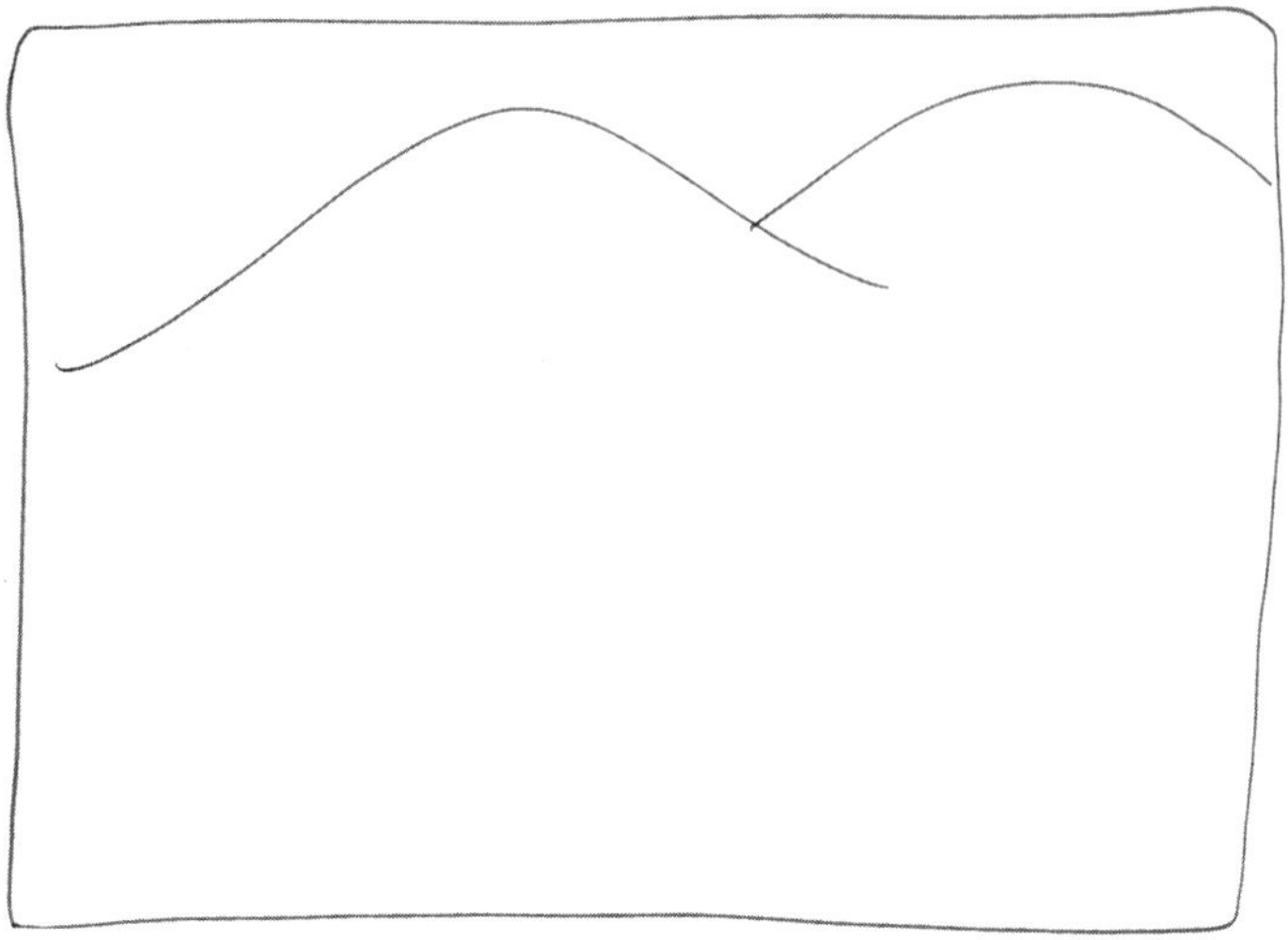

図3-3　山が最初に描かれると……

き関係の繋がりすら産む事態を見せている。切断の痛みを心理的に引き受け、それに耐えていく姿勢が現代人に求められているようにわたしには思われる。

さて、川による切断・分割について語ってきたが、そのことは風景構成法において、関係を繋ぐというテーマをおのずと生む。川による切断・分割があるからこそ、人間は関係に思いを馳せるのである。切断・分割のない、いわゆるカオスの状態には関係などあり得ない。そこにあるのは、あらゆるものには繋がりがあるという意味での「関係性」そのものである。[9] 川による切断・分割の痛みを受けて、クライエントとわたしは関係に向かって生きようとするのである。人間になろうとすると言ってもよいだろう。そのとき、川による切断・分割を繋ぐアイテムとして最適なのは「道」である。けれども、道と川を繋ごうとするときに必要な「橋」は風景構成法のアイテムにはない。風景構成法の暴力性を痛感するところでもあるが、関係を繋ぐアイテムは、心理臨床のトポスにおいてクライエントをとおして見出されていかねばならないことを風景構成法は告げているようにわたしには思われる。それは心理的には、切断・分割の痛みをクライエントと心理臨床家が引き受けていこうとする姿と言うことができるであろう。

最後に、切断・分割を免れる川がときに描き出される。「隅を横切る川」[10]（図3－4）と、「此岸なしの川」[11]（図3－5）である。この二つのタイプの川が描かれると、切断・分割は生じない。これらの場合では、次のアイテムの「山」が告げられたとき、山は遠景にごく自然に連想されることがほとんどである。そうして、川と山によって風景の骨組みが定まり、残りの空間が次々とアイテムによって描き込まれていくプロセスが始まる。わたしは、このようなタイプの川を描くクライエントは、もちろんクライエントの年齢も考慮しなければならないけれども、総じて「川」が第一アイテムであることの意味を、たとえことばにならなくともたしかに知っている人ではないかと、ときに思う。「慎重な人だなあ」「わたしとの関係を生きるという感覚よりも、他の〈何か〉との関係を生きようとしている人かも知れない」などと、実際場面で感じることがある。この後者の感覚が強くなってきたとき、わたしには、クライエントはどこからこの風景を眺めようとしているのだろうと思われてくる。「隅を横切る川」の場合は、ちょうど枠の角辺り、「此岸なしの川」の場合は枠のすぐ外側辺りで、どちらもまだクライエントは風景のなかに入ってきていないなあと感じさせることが多い。後者と関連して、『二《に》河《が》白《びゃく》道《どう》図《ず》』で河を渡ろうと河の脇を歩いている人が想起される[12]。現世を眺めずにひたすら来世に迎えられる道を歩む姿である。その姿とクライエントが重なることがある。

【第二アイテム　山】

川が描かれ、大きく一息ついてわたしは「では次は山を……」と語る。連峰、独立峰、翠屏の山並み、霊峰など、実にさまざまな山が現われる。ほとんどの場合、山はクライエントの生の営みを護っているように感じられる。そのようなとき、わたしは少しほっとする。川によって切断された〈わたし〉に、そこに生の営みを展開するために必要な護りが現われていくプロセスを想っている。それはいわば、川による切断が人間であることを思

図3-4　隅を横切る川

図3-5　此岸なしの川

い知るために不可避の事態であり、山による護りが人間になるために不可避の事態であると言うことができるだろう。

したがって、そのように感じられない山が現われたときは、たちまちのうちに緊張感が走り連想が駆け巡る。「この川でこの山は……」「このクライエントにとっての山とは……」「夕暮れから闇のときの山の恐怖」「山の精神性 spirituality」などに連想が集約されていく。いずれの場合もクライエントに問いかけることは絶対にしない。この描かれた山をわたしもまた引き受けていくためにこそ、わたしの連想が駆け巡るからである。

また、日常的に富士山を眺めて暮らす土地に生きていないクライエントをとおして富士山が現われたときにも、わたしの内に緊張が走る[13]。日常性の意識と乖離しているからであり、日本人にとって富士山はまさしく霊峰であり、神的投影を引き受けて在る山だからである。富士山に託されたイメージに思いを馳せながら、クライエントが抱えるテーマの途方もなさを実感することが多い。

これは、川と山についてわたしが思うことであるが、近代科学の興隆によってわれわれ人間は自然をそうとうに操作できるようになってきた。たとえば、川であればダムや堤防を建設したり、山であれば切り崩したりそこに建造物を築いたりといった具合である。われわれはそういう風景を日常的に眺めている。つまり、そのような近代科学の産物による川や山はわれわれの日常にごく当たり前に在るのである。けれども、風景構成法において、川や山のアイテムの段階でそのような川や山が描かれることはほとんどまったくと言ってよいほどない。ダムが描かれたりすることは、まずあり得ない。山が切り崩された状況やそこに建造物が描かれたりすることも、ほとんどあり得ない。わたしは、それはどにわれわれにとって、川や山は「自然」なのだろうと強く感じる。すなわち、日常現実のなかでは近代科学の産物を目にするけれども、イメージとして実在する川や山は人間にとって自然そのものであり、ときに畏怖の念を抱かせたりときにその恩恵に与ったりする、古来より連綿と継承されてきている人間との営みの歴史性を重厚に連想させるのである。まさしく、風景構成法における川や山は心理的に自然そのものであると言うことができるであろう。

このようにみると、第一アイテムが「川」、第二アイテムが「山」であることは、人間の営みの精神性という点からは、きわめて適切な並び順であると考えられる。まず「自然」ありき、である。クライエントが自然とともにどのように在ったのかを、わたしは感じながら、そのトポスにともに在ろうとしている。

【第三アイテム　田】

〈わたし〉に川と山が現われた。人間であることを思い知る「川」と、人間になるための生を護る「山」。そこにどのようなクライエントの営みが展開されるのだろう。そんなことを想いながら、「次は田です。田を描いてください」と伝える。

田はまさしく人間の営みそのものである。この意味で「文化」である。川と山という人間の営みの精神性にとって自然そのものであった〈わたし〉に、はじめて人間の手が入ったと言ってもよいだろう。文化の始まりである。それは、自然の恩恵を受けて大地を耕し生きる糧を得ようとするクライエントの姿であり、まさに「生」と直結している。徐々に、クライエントの歴史が姿を現わしてくる。

このようにみると、「川」「山」「田」というアイテムの順序は見事だなあと、わたしは思う。風景構成法体験はまさに、クライエントと心理臨床家が、その関係のなかで文化の創成に与る営みであると言うことができる。

かつて、風景構成法の体験実習セミナーをあるところで行なったときのことが想起される。二十数名の参加者が実際に風景構成法を体験するのであるが、手順通りに進んで、わたしが「田」と伝えたところ、二名が「知りません」と手を挙げて応えた。あとで知るのだが、ふたりは沖縄からの参加者であった。セミナーの会場の窓越し一面には、夏の稲穂が見えていた。二名の参加者は田を眺めながら会場に来たことであろう。セミナーの開始前にも田が目に入っていたことであろう。それを田と呼ぶことも知っていたであろう。しかし、「田」を「知らない」と応えたのである。わたしはすぐさま「文化」を想った。参加者が生きてきた体験の歴史に田はなかったのであろう。それを田と呼ぶことと田を「知る」こととはまったく異なる。「知る」ためにはそこに主体の生きる体験がなければならないとわたしは考えている。[14] 二名の参加者がそこに田が見えるにもかかわらず田を「知らない」と応えたことは、大いに頷けることであったし、わたしを強く揺さぶった。まさしく風景構成法によって臨床性が活性化した事態であった。

「そうですか……。では、大地を耕し生きる糧を得る、そういうところを……」と伝えると二名の内のひとりが「サトウキビ畑でいいですか」と応じた。もうひとりも頷いていた。同じ思いであったのだろう。「もちろん、どうぞ」と応えながらわたしは、沖縄の歴史・文化に思いを馳せていた。沖縄の地をはじめて踏んだときに見たあのサトウキビ畑を思い起こしていた。そしてわたしは、あのときはたしてサトウキビ畑を「知ったのだろうか」と、自身の体験世界を思いやっていた。まさに、風景構成法によって文化に触れた臨床的な事態であった。その場が一対一の心理臨床のトポスであれば、このような事態が心理臨床を展開させていったであろう。誤解のないように付言するが、文化によって「田」のアイテムを「畑」などに変更することが必要だと言っているのではない。このような事態が生じることこそが風景構成法の臨床性なのであり、風景構成法はそのようにして心理臨床のトポスに生きるのである。[15]

【第四アイテム　道】

「田」が描かれるころになると、風景構成法に向かうクライエントの姿勢に没入感が見られるようになる。わたしが、川から田に到るプロセスをこれまで述べてきたように体験していることは、わたしが風景構成法に没入していくプロセスとも言えるだろう。そして、クライエントにもそのような姿勢を感じるのである。波長が合っているなあと思う。クライエントが次のアイテムを待っているのを実感する。もちろん、こうした実感がつねにあるわけではないが、風景構成法の臨床性がこの辺りになってたしかな手応えとしてわたしには感じられてくる。

田によって人間の営みが始まった。それはどのように展開していくのだろうか、クライエントはどのような文化を生きようとするのだろうか。このようなことを想いながら、「それでは、道を……」と伝える。クライエントの視線がこれまでよりもいくぶん早く動く。まるで視線が道を引いているようである。道は何処に現われてくるのだろうか、わたしもまたその場を見出そうとする。

繋ぐものとしての道というイメージを抱いていくと、「川」によって切断された空間がどのように繋がれていくのか、すなわちクライエントをとおして関係がいかにして築かれていこうとしているのかにわたしの関心が向かう。そして、「橋」は現われるだろうか。このようなとき、「橋を描いてもいいですか」と尋ねるクライエントもいれば、尋ねることなく橋を描き込むクライエントもいる。あるいは、道の描線が川に触れたとき、描く手が止まることもある。どのような場合も、きわめて心理臨床のトポスに生まれた事態としてわたしは受け止めクライエントとともにそこに在ろうとしている。

往くものとしての道というイメージを抱いていくと、空間が繋がれ関係が築かれていく機能ではなく、すなわち他の空間やアイテムとの関係に生きるのではなく、道は道そのものとして機能しようとする。わたしにとってそれは、クライエントの道程に思いを馳せることでもある。たとえば、川と並行して現われた道にクライエントの来し方を見、いまを思い、行く末をイメージする。「孤独」という実感がわたしに迫ってくることもある。その道程にわたしはいかにして在れるのだろうかと思いを巡らせたりもする。

【第五アイテム　家】

「川」から「道」に到るところで、風景はほぼその構成を現わすことになる。風景の骨格が見えてくると言ってもいいだろうか。それはわたしには、クライエントが生きる在りようとして実感される体験であり、〈わたし〉はこのように生きて、いまこのように在ることを知る体験でもある。「家」以降のアイテム描画は、ほぼその構成を現わした風景が豊かになっていく営みとして、わたしにとってはクライエントの身近な息づかいを感じる体験になっていく。

「では次に家を……」。わたしは固唾をのんで見守る。わたしが「家」と呼んだものからクライエントは何をイメージするだろうか。自身が棲まう家、家族、その歴史に刻まれた家……。イメージされた「何か」は風景のどの領域にどのように現われてくるのであろうか。山裾に集落のように在る数軒の家、近景に大きく一軒の家、山中にぽつんと小さな一軒家、道の脇にそれとなく在る家……。「家は一軒だけですか」といった問いが生まれてくることもある。風景構成法がそうした問いを産んだと言うこともできるであろう。繰り返し強調しているように、すべては心理臨床のトポスに生じた事態として引き受けていくことがたいせつである。

ボルノウなど諸家を引くまでもなく、家は人が棲まう空間でありそこに人間の生活がある。風景構成法ではそれは、クライエントの生活の歴史であったり、現在の生活の実態であったり、クライエントが家からイメージする「何か」であったりする。そのようなクライエントの生に密着した家なるものが、クライエントが生きる在りようとして風景に現われてくる。わたしには、家の描画はそのように感じられる体験である。このような体験は、たとえば窓や玄関の有無など家の形状に注目することよりも、わたしにとって決定的にたいせつである。わたしとの関係のなかで家はどのようにクライエントにイメージされ、風景の何処にどのように現われてくるのだろうか。このような体験プロセスはわたしにとって、クライエントの歴史や在りようを手応えとして実感していくことになるのだが、そこにはきわめて臨床的な営みがある。そしてここに、風景構成法の臨床性を痛感する。

「道」の次のアイテムが「家」であることは、とても自然な流れであると思える。繋ぐものとしての道、往くものとしての道、その途上ないしは基点に家は、ごく自然にイメージされるのではないだろうか。次に続く「木」「人」を含めてこの三項目の順序は、これまではHTP法のそれと同じであると説明されてきたが[16]、それだけの説明では風景構成法の臨床性を語っていることにはならないだろう。わたしは、たとえば「道」の次に「木」や「人」ではなく「家」が続くことは、人間の営みという地平から見て、きわめて大切な流れであると考えている。

「道」の次に「人」では、人はあまりに生々しく赤裸々に風景に生きるようにわたしにはイメージされる。人間の営みの護りとなる「家」が風景にないからである。また、「道」の次に「木」では、木と人間の営みの在りようを、風景のなかで木は充分に生きることができない。これについては次に語ることにしよう。

【第六アイテム　木】

家が描かれ風景に生き始めた。それによってクライエントの生がより身近に感じられたり、反対にクライエントの生がはるか遠くに感じられたりする。それによってわたしは、クライエントとの関係をいかに生きようとするのか、というテーマを風景構成法から与えられた感じがする。そのように想いながら、「家の次は木を……」と。クライエントの生を感じるからであろうか、どうしてもやや小さな声になる。生の営み、生活の領域にわたしもともに、そっと在りたいという感覚であろうか。

木が山や田の傍らに描かれるのは、ごく自然なことに思える。また、植樹という人間の行為からは、主として人間の生活を護る機能を木は託されてきたと言える。そのように木が現われる領域は、川縁、街路、そして家の傍などである。このようにみると、木はこれまでのアイテムすべてと機能的連関をもって現われる可能性があり、この意味でアイテムの提示順序からすると、「木」はこの位置しかあり得ないとわたしは思う。「家」の前に「木」では、家の傍らに家を護る木が現われることはない。

風景構成法における木は、その形状よりもむしろ現われる領域にクライエントの生の在りよう、息づかいを語っているように感じられる。この意味で、わたしはたとえばバウムテストの解釈仮説を援用することなどはしない。わたしにとって風景構成法はそのように生きるものではない。

さて、ここまでくると、風景にはある落ち着きが醸し出されてくる。わたしは、木が現われるプロセスに在りながら、少し身を引いて風景全体を眺めるような感覚を、この時点ではたいせつにしている。クライエントとともにここまで歩いてきた関係がどのような風景を現出させたのだろうか、風景はどのような両者の関係を語っているのか、語り出されたアイテムのことばが内容として描き込められていくプロセスにどのような両者の交錯やわたしの体験があったのか、このようなことを想いながら風景全体を眺め、クライエントとの心理的な繋がり具合を手応えとして感じ取ろうとしている。

【第七アイテム　人】

「えっと、じゃあ、人を……」。わたしにはもっとも伝えにくいアイテムである。「川」「山」といった自然そのものから始まった風景構成法は、「田」「道」「家」「木」とクライエントの営みの文化・歴史を現出させてきた。それは、クライエントと心理臨床家の関係および心理臨床のトポスが主体となって進んできたプロセスであった。そこが風景を眺める臨床的位置であった。そして、「人」のアイテムはそうした臨床的位置からの移動を余儀なくさせるようにわたしには感じられる。端的に風景そのもののなかに入り込む動的な姿勢を風景構成法から求められているように思えるのである。「人って何だろう?」とわたしは想いを巡らす。そうすると、クライエントも人を描くことにさまざまな想いを抱いていることが伝わってくる。とまどい、ためらい、逡巡、抵抗……。「人は家のなかに居るということで」と、やんわりと描画が拒否されたり、スティック状に言語表現（シニフィアン）それだけとして描かれたりすることもあれば、川、田、道の領域に動きのある人が描かれたりと、ほんとうに多様である。

このアイテムと第九アイテムの「生き物」は動的な内容がクリアに表現されるアイテムであり[17]、これにより風景が動き始める。そしてわたしには、風景を眺める地平に臨床的位置を引き戻す作業が必要になってくると感じる。

【第八アイテム　花】

花は木と同様、人間の生活に密着している。それは、機能的・合理的な密着ではなくきわめて心理的な繋がりと言える。実際的にはその有無は直截的に生活に支障をきたさないが、生きる実感に強くたしかな影響を与える。

風景構成法における「花」もそのようであると、わたしは思っている。風景構成法がここで花の描画を求めてくることに、わたしはほっとする感覚をいつも抱く。そして、風景を眺める地平に臨床的位置を引き戻すことが、このアイテムによって可能になってくる。それはわたしには、穏やかなプロセスであることが多い。

ここまで現われてきた風景のどの領域にどのように「花」は現われるだろうか、そんなごく素朴なことを思いながら、「次は……花を……」とゆっくりと伝える。そうしてわたしは、花が現われるときをクライエントとともにするが、それはときにクライエントと花を植えているように体験されるときでもある。

【第九アイテム　生き物】

ここまで現われてきた風景に、「生き物」はどのように現出するのだろうか。現われる生き物の種類によっては、これまでの風景が一変することもあるし、これまでの風景がさらに豊かに動的に生きてくることもある。おおむね様相の定まった風景が変容するほどの力をこのアイテムがもっているという点では、風景構成法に本質的影響を与えることがあると言えるであろう。この意味で「生き物」は風景構成法にとってトリックスター的だと、わたしは思っている。

「えっと、それでは、生き物です。どんな生き物でもかまいません。生き物を……」と伝える。わたしには、そろそろ素描の終わりが意識される。深くクライエントとともにしたときから、少しずつ浮上を始めている感覚である。

【第十アイテム　石】

締め括りのアイテムが「石」であることは意味深いと思う。人間と石との密接で深い営みの歴史と、風景に石はごく素朴にそれとして在るという自然さの両面を思うからである。自然そのものとしての「川」から始まったプロセスが、自然と人間の営みに共通する「石」で終わっていく。そのような意味合いを込めて、「では、石です。細かな砂でも大きな岩でも、石でできた物でもかまいません。石を……」と、わたしはクリアに伝えることにしている。クライエントの視線が風景全体を見渡すのが見て取れる。それは締め括りの感覚としてはとてもたいせつであると、わたしは感じている。そうして、石は実に多様な在りようで現われてくる。路上の小石や岩、川のなかの岩、石碑、石橋、道標……。

このような多様な石が現われるのは、わたしの伝え方によるところも大きいと思われるが、締め括りという意味では、いくぶん散漫になる印象は否めないとも言える。けれども、ある程度開かれた感覚で付加アイテム、そして彩色へと進もうとするのがわたしと風景構成法との関係である。そして、第二章にその意味も含めて述べたように、風景構成法を締め括るのは、わたしの場合は「署名」である。

〔付加アイテム〕

「それでは、他に描きたいと思うもの、直したいと思うところがありましたら、自由にやって風景を仕上げて下さい」と伝える。

「石」のアイテムで風景全体を見渡す感じが付加アイテムにも続いていく。そうして風景を眺めながら、描き加えたいものや直したいところが現われてくる。

付加アイテムに特徴的なのは、これまでのアイテムにはなかった空のアイテムである「太陽」や「雲」と、先述したように川による切断・分割を道によって繋ぐ際に不可欠の「橋」が多く現出することである。

クライエントの彩色――風景との対話

素描がほぼ仕上がったというときがやってくる。風景構成法をともにすれば、そのときは体感としてやってくる。そうして、少し間を置いて、「仕上がりましたら色を塗って下さい。色塗りに順番はありませんから、塗りたいところから塗りたいだけ自由にどうぞ」と伝えて、クレヨン（クレパス）と色鉛筆（クーピーペンシル）を取り出して蓋を開けてクライエントの視野にそれを置く。そうして、彩色が始まる。彩色用具など、彩色に当たってわたしがたいせつにしているポイントはすでに述べた。

さて、彩色プロセスが素描プロセスと決定的に異なる点は、そこにことばによるやりとりがほとんどない、ということである。心理臨床家は彩色プロセスをクライエントとともにする。したがって、臨床的位置は素描プロセスとは異なってくる。

素描は、クライエントと心理臨床家の関係および心理臨床のトポスが主体となって進んできたプロセスであり、そこが風景を眺めるわたしの臨床的位置であった。これにたいし彩色は、クライエントと風景との関係および心理臨床のトポスが主体となって進んでいくプロセスである。それは、箱庭療法における心理臨床家の臨床的位置に近いと言えるようにも思われる。たしかに、砂と箱だけから創造へと向かう箱庭療法と、すでに素描ができている風景に色が塗られていく彩色プロセスとは同一の心理的作業ではないけれども、これまで「やりとり」という関係が前景に出ていた素描から、それが背景に退きクライエントが素描風景と対話しながら彩色していくプロセスを心理臨床家がともにするという在りようは、箱庭療法における心理臨床家の在りようと通じるものがあると、わたしは考えている。

わたしはクライエントの彩色とともに在る。クライエントは彩色に没入している。素描のときの在りようとは明らかに異なっている。それは、素描風景との対話とでも呼べるような体験ではないかと思われる。その間、ふたたびサインペンによって描線が加わることもある。一塗りごとに、世界は様相を変えていく。

そうして、徐々に風景は色合いを豊かにし、完成へと近づいていく。クライエントの手が止まり、身を起こして風景を眺めるときがくる。「完成ですか」との呼びかけにクライエントは頷き、風景が完成する。

風景を眺める——問いの発生

できあがった風景を同じ方向からふたりでしばらく眺めてみる。これはとてもたいせつなときである。続く第四章にも明確に述べたが、ここまでの段階で、クライエントと心理臨床家は同じ方向から風景を眺めているわけではないのである。クライエントと同じ方向から眺めてみることによって、さまざまな体験や問いが生まれてくる。それはときに、心理臨床に意味深い知恵をもたらすことがある。

さまざまな問いが生まれてくるであろう。現われた風景の時刻、天候、季節、川の流れの方向、川の深さ……。生まれてきた問いは基本的にはクライエントに尋ねてもかまわない。けれどもここでたいせつなことは、クライエントに尋ねたことによって生じるあらゆることの責任を心理臨床家はすべて引き受けていかねばならない、ということである。質問しそれに応えることだけでそれほど大変なことが起こるはずがないと考えている心理臨床家は、描くという行為が人間にとってもつ意味を軽く見すぎている。そして、問いによって意識化を迫られるクライエントの痛みに鈍感である。わかることが重要なのではなく体験を生きることが重要なのである。わたしはそう考えている。箱庭療法において、完成作品についてそれほど言語的やりとりを行なわないことを想起すればよいだろう。

以上を踏まえて、わたしは、次の問いが生まれてきたときはかならず尋ねることにしている。それは、わたしが風景構成法のときをクライエントとともに生きたことを引き受けるのに必要な問いだからである。

「川は深いですか、……歩いて渡れる感じかなあ?」

この問いは、川による切断・分割にたいして関係を繋ぐというテーマを感じるときにもたらされる問いである。

「その風景のなかにあなたがいるとしたら、どこにいるかなあ?」

「そこで何をしているの?」

これらの問いは、わたしがかつて「風景の中の自己像」と名づけた問いであり(18)、クライエントと今後ともにしていくテーマを共有したいと感じるときにもたらされる問いである。

そうして、最後に日付と名前をクライエントに書き入れてもらい、風景構成法をともにするときは終わりを告げる。なお、わたしは署名をきわめて重要なこととして考えているが、この点について第二章に詳述した。また、風景構成法の完成作品にどのように向き合うのかについては、すでに他所で述べた[19]。

おわりに

心理臨床の視点から、いわばわたしの風景構成法の実践体験を具体的に語ってきた。最後に、つねにこのように実践しているわけではないことを重ねて強調しておきたい。つまりこれがわたしのマニュアルではないし、これが風景構成法の実践マニュアルでもないということである。本章で語られているのは、風景構成法を実践するときのわたしの基本的な在りようであり、風景構成法についてのわたしの心理臨床観である。今後も、実践のなかでさらに考え続けていきたいと思っている。

第四章

風景構成法体験の語り

皆藤　章×中桐万里子

はじめに

描き手と見守り手の双方にとって風景構成法とはいったいどのような体験なのであろうか。このことは、風景構成法を手にしたことのあるすべての人に共通のテーマではないだろうか。しかし、このテーマに的確に応えた「語り」をわたしはまだ知らない。何よりも、通常、風景構成法の描き手がクライエントであることを想うとき、このテーマに応えることの臨床的むずかしさを痛感する。けれども、一方で、大学での実習や民間のセミナーなどで風景構成法を実際に描いてみるという体験をする人が確実に増加している現状にあって、この技法がきわめて軽薄に扱われていることを、わたしは数多く見聞している。それはまさに、風景構成法が傷つき痛みの声をあげていると言える事態である。そして、その声はほんとうにかすかにしか響かない。ひとえに受け取る側を巡る実践研究・教育等をも含めた問題であると言える。まずもって、風景構成法にたいして敬虔になることが肝要ではなかろうか。そのようなことに何ら思いを馳せることもなく、実習を終えて臨床家になっていこうとする人が多すぎる、と、わたしは素朴に思う。行き着く先は、クライエントの傷つきにほかならない。

ここでは、このテーマに、一事例を提示することによって応えていこうとする試みが展開されている。描き手は中桐万里子氏、見守り手はわたしである。そして、氏の語りとわたしの語りが交錯し合うスタイルで基本的には構成されている。とくに素描段階は、氏とわたしが、風景構成法をとおしていかなる体験をしたのかが、時系列に沿って語られている。これは「対話」とは異なるが、両者の体験が語られることによって、おのずと「対話」が生まれてくるようなスタイルになっている。この点で、モノローグでありながら、風景構成法をとおした体験のダイアローグであると言ってもよいだろう。このようなスタイルによって、風景構成法が描かれる状況を動的に捉えようとしたのである。

このような、風景構成法の実際場面での双方の体験を双方ができうるかぎりことばにしていこうとする試みは、風景構成法研究のなかではおそらくはじめてであろう。氏とわたしは、まずもって風景構成法の体験を「語り」に委ねることに全力を注いだ。そして、風景構成法が生成されていく実際場面をできるかぎりそのまま語ろうとした。そのため、語りことばそのままが用いられている。あらかじめお断りしておきたい。

本章における「語り」をとおして、風景構成法とはいったいどのような体験なのかというテーマに、何らかの手応えを読者が抱えることになれば、本章の目的は達成されたことになる。またわたしは、心理臨床の領域にとってきわめて異例のこうした「語り合い」が、風景構成法の発展に、さらには心理臨床の発展に寄与すると確信している。

以降の語りでもわかるとおり、中桐万里子氏が風景構成法を描くのは今回が二度目である。一度目は大学院のわたしの演習授業であり、そのときは複数の大学院生に混ざって描いた体験であった。したがって、わたしと向き合って描くのは今回が初めてである。

それでは、さっそく生まれてきた「対話」に耳を傾けてみたい。それは風景構成法の実際体験に向かう段階からすでに始まっていた。

1　プロローグ

中桐　その日がやってきたばかりの夜中、わたしは濃い闇のなかで突然目覚めた。意識ははっきりと覚醒し、ふたたび眠りにつくことが、できなかった。なのにからだは、限界に近く疲労していて、とてもとても、重たくひずんでいた。すごくすごく、眠りたかった。でも……。

光とともに訪れたその日の朝、わたしはその場所に向かうことをひどくしんどいと感じた。イヤだ、とか、行きたくない、というのとは違う「しんどさ」。でもこのしんどさは、今は語ってはいけない、と、そのときには感じていた。このしんどさが、「行かれない」や「行かない」に繋がることが、とても怖かったのだと思う。〈行かなくては……〉と、思っていた。

家を出る直前の一時間、わたしは眠った。内容はまったく覚えていないけれど、とても濃厚な夢をみた。

その場所へは、徒歩で向かった。歩くリズム、歩く空気感、歩くにおい、歩く冷たさ、……そういった諸々の感じによってととのえてから、その場所に向かいたかったから。歩いているわたしは、とてもしんどかったし、疲れていたし、ひどく緊張をしていた。かなりがんばっていた、と、思う。歩くこと、向かうことを、やめるべきではないと思いつつ、やめたかったし、やめたくなかった。結局は、やめられなかった、だけなのだけれど……。

「行く」ことと「生く」ことが繋がっている感じが、そこはかとなく漂っていた。

皆藤　彼女は来るだろうか、たぶん、来るだろう。でも、いかに彼女が体験をことばにできるすぐれた感性をもっているとはいえ、体験すること自体は彼女にとって間違いなく苦しいことだ。以前に授業で集団のなかで描いたときとは比べものにならない「向き合い」が必要になる、そのことは彼女も強く予感しているはずだ。彼女が来たとしても、わたしの迎え方ひとつで事態は一変する可能性を秘めている。いかに迎え、いかに受け、いかに向き合うか、だな。彼女がやってきたときの雰囲気を絶対に受け損ねないように……。

2　風景構成法という体験

出逢い

皆藤　やはりそうだったか、と、思う。やって来た彼女が醸し出しているその雰囲気は、ここまでのプロセスがいかなる体験であったかをわたしに伝えていた。「来ましたね」と、わたしは言った。このことばに、彼女の体験の途方もなさへの真摯な敬意を込めて。「来ました」と彼女は応じた。「うん」と受けつつ、彼女の姿勢がととのうのを待って、少し雑談を交わした。内容自体は他愛もないことだったが、そのやりとりのなかから、風景構成法への導入を決意できる「何か」がわたしにやって来るのかどうか、それを見極めようと、わたしの神経は全方向に張り巡らされていた。たしかに彼女はしんどそうな雰囲気だ。が、だからといってストレートに風景構成法の導入を止めたりするのは、彼女のここまでのプロセスにたいして失礼だと、わたしは強く思った。

しばらく後、「何か」はやって来た。風景構成法のプロセスを彼女とともにし、その体験を引き受けていこうと、わたしは覚悟した。

導　入

皆藤　できるかぎり淡々と、と、こころがけていた。画用紙を出し、サインペンで枠を描きながら風景構成法を語り始めた。サインペンで枠を描くというよりも、サインペンが勝手に動いて枠ができあがっていくという表現の方が適切な体験だった。できあがった枠は、わたしにとってはほんとうに珍しいことに、画用紙の縁にかぎりなく近い幅で描かれていた。それがなんだか途方もなく不思議な体験に感じられて、わたしの手は少し震えていた（図４－１）。

中桐　その場所につき、しばらく呼吸をととのえつつ話をして、それから、風景構成法がやってきた。はじめに先生が、白い紙を一枚、取り出された。そのときわたしは、その紙の小ささに、こころの底から驚いた。ずっと抱えていた〈なにも、描けないんじゃないだろうか……〉という想いがざわめき、波立った。

先生が、サインペンで枠を描きながら風景構成法を語られていた間、わたしは〈小さすぎる。小さすぎる。……〉と、何度もつぶやいていたし、目眩《めまい》がしそうに怖かった。わたしの目の前に、紙が差し出され、置かれた（図４－２）。

素　描

皆藤　手渡した画用紙はテーブルに置かれた。サインペンを手渡した。彼女が画用紙に向き合い描こうとする姿勢がわたしに伝わるまでしばらくのときがあった。それがわたしにはほんとうに長い時間に感じられた。彼女は描けないかも知れない、そんな思いがわたしを包んでいた。そんなときのある瞬間に、ごく自然に彼女が画用紙に向き合ったようにわたしには感じられた。そのときを逃さず、わたしは、「じゃあ、川を」と告げた。恐るべき宣告をしたように感じて、声も少し震えていた。

中桐　サインペンが手渡され、わたしはそれを受け取った。手にしたペンは、あまりわたしに馴染まなかったけれど、それでも思った以上には自然だったのに驚いていた。

その場所に、「じゃあ、かわを」という声が、響いた。「かわ」は、わたしにはなかなかやってこなかった。ただ、目の前の白い紙が、うねるように生きていて、吐きそうな、気持ちわるくなりそうなくらい、強くうごめいていた。平らな紙なんかにはどうしても見えなくて、そこにどうやって手を伸ばしたらいいのか、見当がつかなかった。「かわ」どころか、どんどんなにもなくなっていった。紙をみつめていると、そこに生きているうごめきに呑み込まれそうになって、目眩がした。ただなぜか、そのときのわたしにはもう恐怖はなかった。〈描けないかも知れない〉という不安も、もはやなかった。

わたしは目をつぶった。もう一度、サインペンを握り、座りなおし、正座して姿勢をただし、少し大きく静かな呼吸をした。目をあけて〈かわ〉、と唱えると、「川」はやってきた。わたしはまるで、その川のただなかにいるかのように、その川に溶けているかのように、川だけが世界だった。どう描いていいのか、わからなかった。この世界の、どこが川でないのか、見えなかった。〈川。川。……〉と、戸惑いとともにしばらく唱えていると、しだいにわたしが川の流れから出てきた。わたしが身体というカタチをもって、川を眺める場所に、出てきた。けれど、それでもけっして、わたしは「『自然に』川を描く」ことはできなかった。まるで、川の輪郭を描くことをのぞんでいないかのように、手が、身体が、ひどく震えた。とても不自然な場所に置かれている感覚、違和に満ちた切なくかなしい場所に置かれている感覚、が、わたしを覆っていた。それでもわたしは、はじめの一本の線を描いた。描いた、というより、なぜか描けた、という方が正しい感じかも知れない。川を描いた後、それを眺めながらどきどきした。小刻みな身体の震えは止まらず、手は、とても冷たかった（図4－3）。

皆藤　ときの長さが痛いほどわたしを貫いていた。同時に、彼女の身体がむせ返るように何かを発しているのが痛いほどに伝わってきた。しかしわたしは、引き受ける覚悟のなかに居た。彼女をとおして「何か」が生まれてくるのを、わたしは待っていた。それは「川」かも知れないし、「描けない」との意思表示かも知れない。わからないけれども、「何か」が生まれてくる手応えは確実だった。

あるとき、描線が生まれた。それは、長いときを経たにしては、とても自然に彼女の身体と合った描線だと思った。けれどもわたしには、〈これは川じゃない〉と強い確信をもって感じられた。

それからまもなく、「川」が全体像を現わした。それはわたしには「砂漠」に見えた。見えたと言うより、「砂漠」以外にあり得ないという強い手応えを体験した。そうして、「川」と「砂漠」という、このまったく両極に

図4-1　風景構成法①

図4-2　風景構成法②

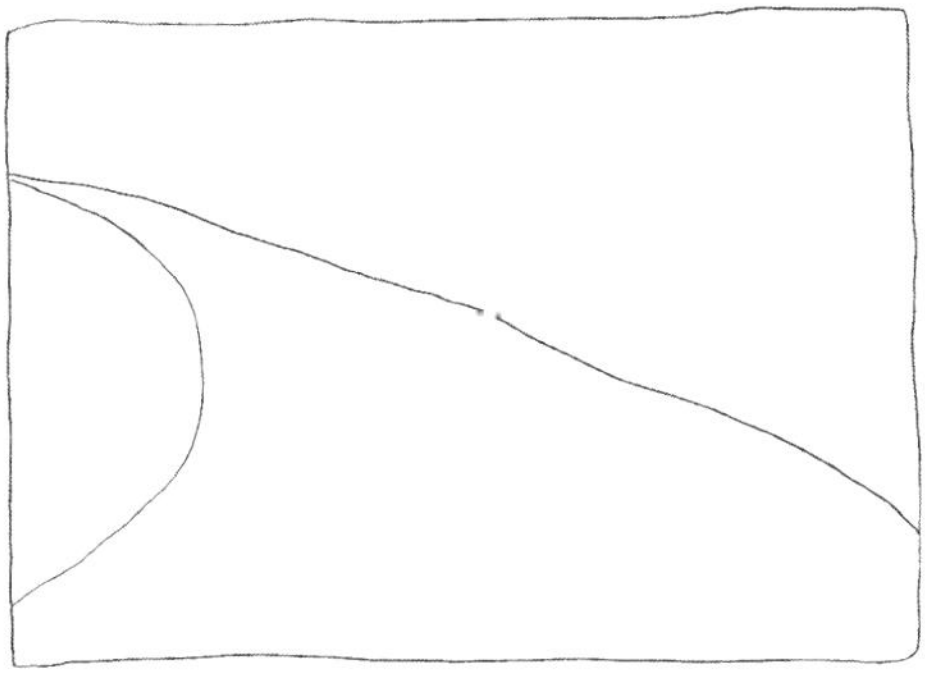

図4-3　風景構成法③

あるふたつのことばの意味の隔たりのはてしなさに圧倒されていた。描線で区切られた三つの領域は、わたしの側からは異様に歪んでいて、刻々と姿を変えていく動きとなって体験された。風が吹けば様相を変える砂漠の窪みのようだった（図4－4）。

そのうちに、「砂漠」が身体感覚をともなってわたしにやって来た。喉の渇き、身体の乾燥、焼けつくような皮膚の痛み……。目眩で身体がくらくらした。わたしには、描かれた描線が「砂漠」としか体験できなかったので、「川」との関係に生きることではなく「砂漠」との関係に生きること、そういう在り方として引き受けることを余儀なくされた。そう思いつつわたしは、「川」の描画が終わったことを告げる彼女の軽い頷きを見て、「山」と言った。乾燥した声だった。

中桐　つぎに「山」という声がやってきた。声とともに、「山」は、遠くに遠くに、見えないくらい小さくではあったけれど、それでも世界の右端に、たしかに見えた。ところがその山を描こうとすると、山は見えなくなり、身体の震えが、強く、濃くなった。描けたはずの川さえそこから消え、目の前にはただただ真っ白な世界があった。いろんなことが、わからなくなった。

それでもわたしは〈描きたい〉、と、想っていたのかも知れない。冷たく震える身体のまま、ペンを握り、そのペンを滑らせた。気づくとそこには、まったく見たこともない「山」が描かれていた。描かれた山にわたしは驚かされ、そしてほっとさせられた。山とともに川も姿を現し、わたしはそこにいた（図4－5）。

皆藤　「砂漠」のイメージは圧倒的にわたしを包み、イエスが歩いた岩山のような、そんな連想のなかにわたしの「山」はあった。わたしは「砂漠」に呪縛されているのだろうか。彼女は「川」と思っているのだろうか。おそらくそうだろう、そうだとすると「川」と「砂漠」というこの両極は、これからどのように風景構成法にリフレクトされるのだろうか。これは、彼女との間のイメージのズレに繋がっていくのだろうか。もうすでにズレているのかも知れない。そう思いながらも、一方でわたしは「川」とか「砂漠」とか、そういう概念では捉えるこ

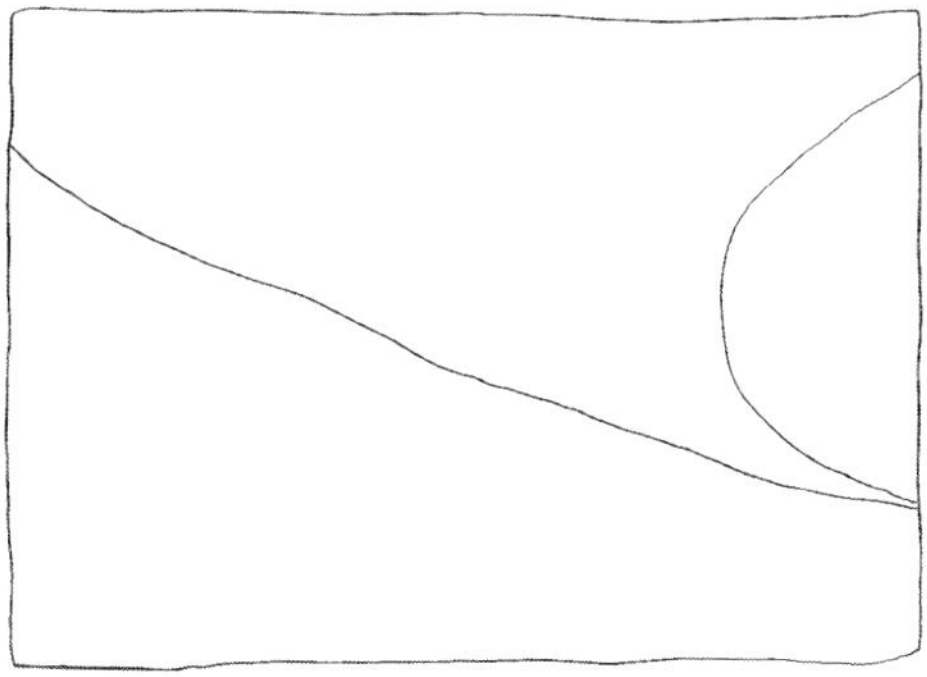

図4-4　風景構成法④

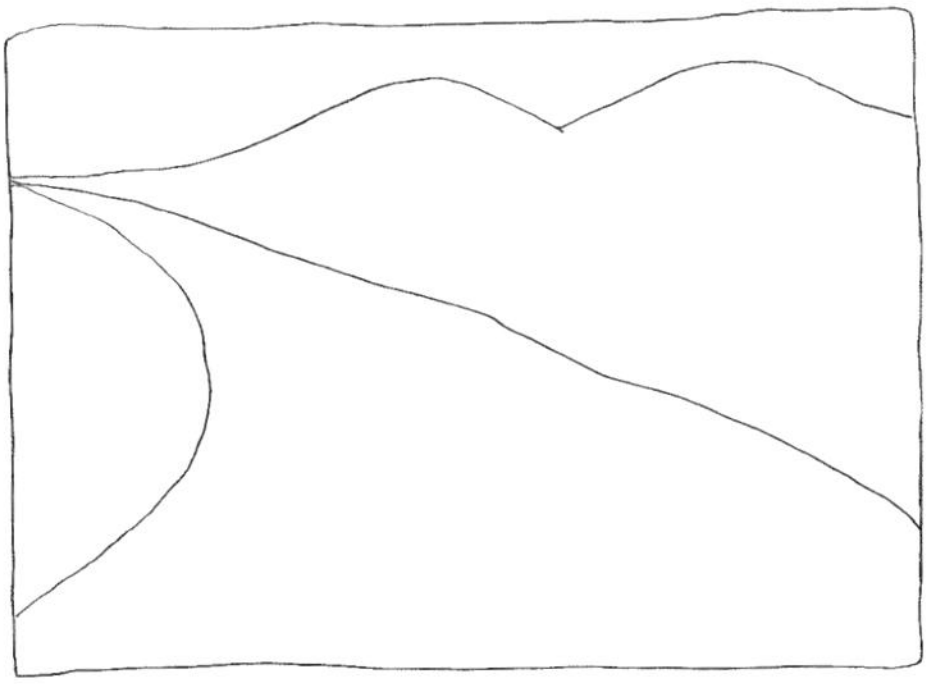

図4-5　風景構成法⑤

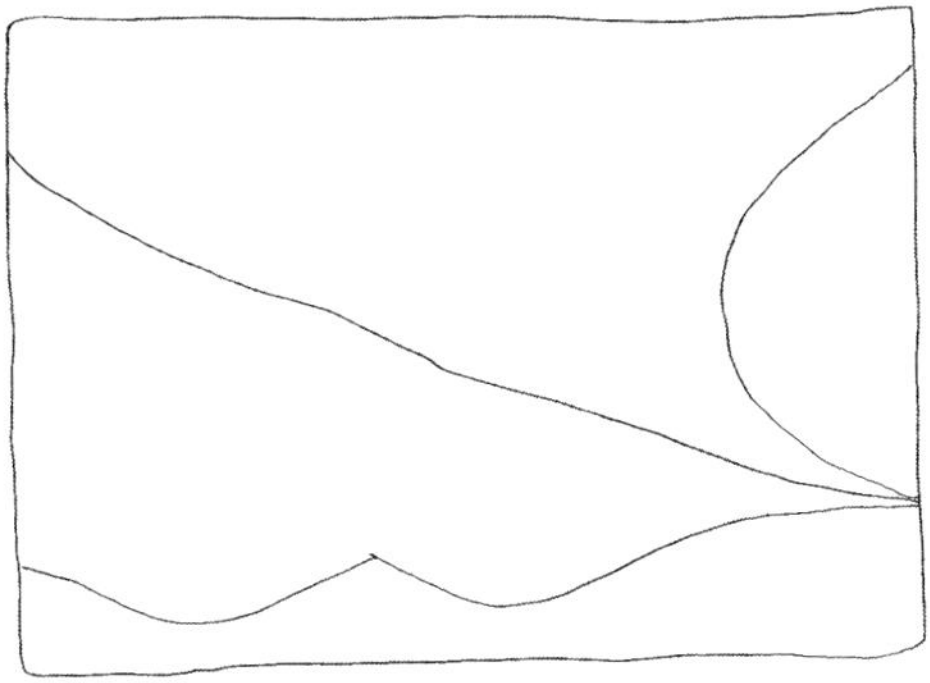

図1-6　風景構成法⑥

とのできない次元の体験そのもののかけがえのなさをともにしているという手応えを強く実感していた。この実感をこそもっとも共有し得る、そのような時空間が産み出されることにわたしはコミットしていこうと覚悟した。

こうしたことを思っているうちに、「山」は姿を現わしていた。描かれた「山」とわたしの間に不整合感はなかった。川の描線が描かれていたときの体験とは完全に異なり、わたしには山の描線が山そのものとしてほんとうに柔らかく体験された。身体がまるごと入ってきたなあと実感した。しばらく山を眺めていた。しかし、川はわたしにとっては相変わらず砂漠だった（図4－6）。

山の馴染み具合に比べ、川の異質感が強かったこともあって、「田」を告げることはわたしにはそうとうに勇気の要ることだった。砂漠に田を描くことなどできはしない、そうわたしは思っていた。それでもわたしは、「では、田を」と告げた。それが風景構成法のアイテムだからという、ただそれだけの理由で。

同時に、砂漠の風景に田を描くことなどできはしない、できないことを語るわたしは、いったい何者なのだろうといった思いがわたしを摑《つか》んで離さなかった。田を描くことは、彼女にとってもっとも苦しい体験になるのではないか、そんな予感とともにわたしの「田」の声が伝わっていったように感じられた。そうしてわたしは、もっとも苦しい体験を実感する場所に、そして彼女にとっての「田」の体験を共有する地平にわたしが在ろうとする感覚を瞬時でも離さないように全身で身構え、画用紙に少しずつ展開されていく世界のただなかに身を置いた。

中桐　「田」の声に、わたしはひどく驚き、動揺させられた。〈田？〉〈ここにそんなもの……〉〈無理だ〉と、はじめには強く、そう思った。そもそも「田」がなんなのか、わたしにはまったくわからなかった。いくらいくら唱えてみても、「田」は、姿を現わさなかったし、わたしはそこを生きられなかった。わたしは、静かにしずかに、真っ白な世界に浮かんでいた。しばらくしてから、今度は弱く微かに、〈やっぱり無理かなあ……〉と思った。そのとき、「田」が描けた。

描けたけれど、それが「田」なのかどうか、わたしにはわからなかった。ほとんどまったくリアルじゃなかったし、ヘンな感じも強くしていた。そしてなにより、描くことで封印してしまったような、ひどい疲れがあった。にもかかわらずわりとふつうに、〈まあいいか〉と思えてもいた。あきらめ、とも少し違う〈まあいいか〉だった。わたしはたぶん、頷いていた（図4－7）。

皆藤　描けるはずのない田が、川と山が接近する間の領域に小さく描かれた。描かれていく場の空気を吸いながら、わたしはなんだかほっとした。わたしには、それが「田」なのかどうかはよくわからなかった。そのことはもはや問題ではないようにも思われた。この世界に、ひとつの揺るぎない基点ができたように感じられたことが、わたしにはとても大切なことだった。それとともに、「家」はかならずこの辺りに描かれるだろうという確信がやってきた（図4－8）。

田を眺めながら、次のアイテムが「道」であることに気づいたわたしは動転した。この世界のいったいどこに道が描けるというのだろう。田が現われたことによって、かすかに営みの匂いが感じられるようになったものの、世界はわたしにとって相変わらず砂漠の様相を見せていた。「道」が現われるかどうか、それはこの風景構成法にとって、この世界の創造にとって決定的なことだとわたしは直観した。そうして、思い切って、「では道を」とわたしは告げた。たぶん、かすかな声音だったと思う。

中桐　「みち」。……。〈みちってなんだろう?〉〈みちは何処にあるんだろう?〉と、すこしざわめいた。〈みち。みち。……〉と、つぶやいて目の前の世界のあちこちを定まりなく眺めていると、なぜかふと、先生の呼吸にリアルに気づいた。そうしたら、ふぅっと、足もとを感じて止まった。〈みち、は、わたしがいる場所、ってことだな〉と、思った。すると、立っているわたしを感じた。〈わたしが、いる場所は……〉と目をつぶると、道が一本、見えた。

そこしかあり得ないという場所に、道はあった。これは、それまでにはない強いたしかさをもってそこに存在していた。けれど、いざペンを握り、描こうとすると、ふたたび身体がぎこちなく震え、どきどきした波立った感じが強まり、冷たさが、走った。大きな歪みや目眩がやってきそうな、強い予感があった。わたしは、その身体を引きずって、先生が描いた「枠」の下のラインだけを見つめながら、「道」を描いた。描いているときには、川も山も田も、それ以外のどんな世界も、描くという行為も、「みち」という呪文も、呼吸さえそこにはなく、枠のラインと、わたしの描線だけが、圧倒的な世界だった。

描かれた道は、思いのほか、よかった。〈これでいい〉と、自然に思えた。たぶんはじめて、見えていたものが現われたような気がした（図4－9）。

皆藤　あっと、驚かされた。虚を突かれる思いだった。直後、そう、そこにこそ道はあり、そこにしか道はないことが、わたしにはとてもリアルに感じられた。わたしにとって川は相変わらず砂漠だったので、川を横切るような道は想像もできなかった。ましてや、田や山と関連した道などありえなかった。山はこれ以上の素描を許さないほどに山そのものであり、田は基点であって繋ぐ機能としての道はそこには在りようがなかった。

わたしが描いた枠のラインは、道の現われと確実にどこかで繋がっている。それは「導き」のラインなのだろうか、道の「一端」なのだろうか。おそらく前者だろう。わたしは、枠のもつ不可思議な力に想いを馳せていた。風景構成法に枠があるということ、その枠は見守り手によって描かれるということ、そのことのかけがえのないたしかさを感じていた。道の現われにかかわったあらゆる導きに深く感謝した。この世界のイメージなら、最後までついていける、そんな気持ちになった。

そうして、ごく普通に、「家を」と告げた（図4－10）。

中桐　つぎに「家」という声がやってきて、わたしはふたたび動揺した。〈家。かあ……〉。そう思うと同時に、これまでの疲労が一気に襲ってくるような感覚があった。ちょっとだけ、どうでもいいような気持ちがよぎった。ぽんっ、と、なにかがはじけるような感じもあり、これまでよりはずっと少ない葛藤とともに、田の近くに家

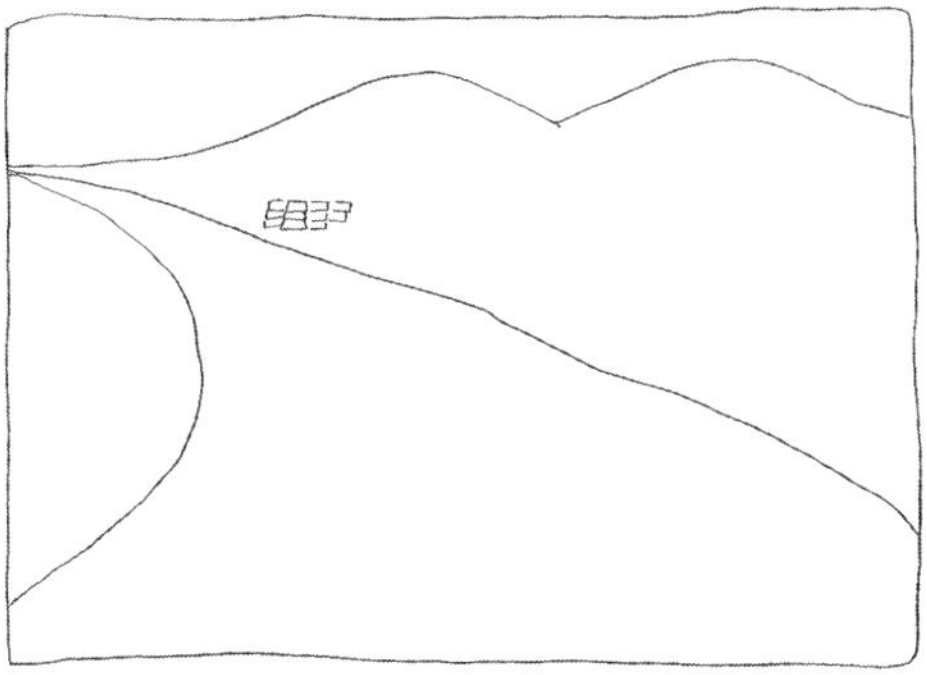

図4-7　風景構成法⑦

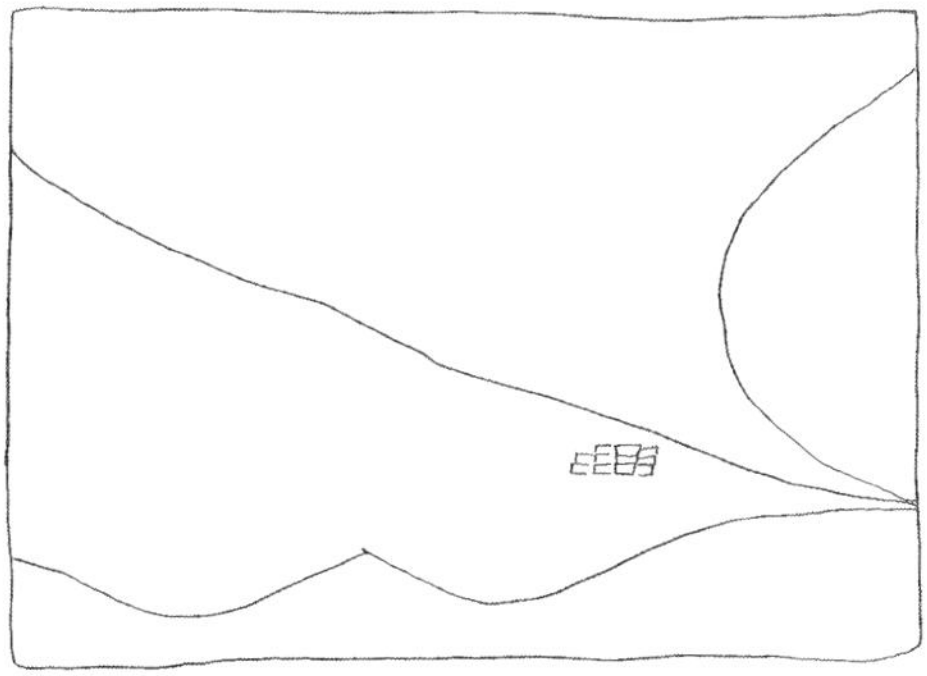

図4-8　風景構成法⑧

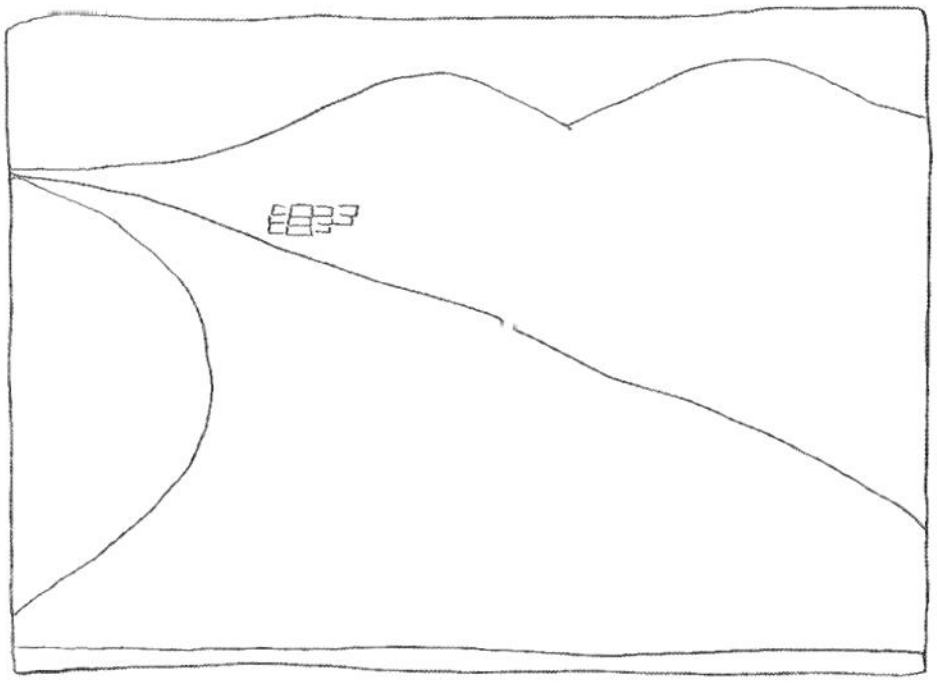

図4-9　風景構成法⑨

を三軒、描いた。描きながら、あるいは描いたものを眺めながら、〈これ、なんだろう……〉と、遠くから思っていた。静かにしずかに、疲れていた（図4－11）。

皆藤　思ったとおり、家は田のそばに描かれた。三軒という家の数は絶妙だと思った。一軒でも目立ちすぎるし、二軒では関係をイメージしすぎるし、四軒では多すぎる。けれども、田が田であるかどうか、さして問題ではないと思ったように、それが家であるかどうかは、わたしはとくに気にならなかった。「家らしき何か」が描かれた、というような感じだろうか。それほどに、「道」までのわたしのコミットメントに費やされたエネルギーは膨大だった（図4－12）。

次は「木」だと気づいた途端、わたしはかなり慌てていた。木が描き出されてくる場が見えなかったからである。田と家の付近に描かれるような木は、彼女によっては描かれないことは、不思議にも確信していた。そこには生きている木はない、そう思った。山はこれ以上の素描を許さない。この世界はわたしにとっては相変わらず砂漠であって、木が生息する余地がない。わずかに、川が川としてイメージされれば彼女から見て左手下方の川の辺りが木の生息地のような感じがした。

「田」のときもそうだったが、この「木」のとき、わたしは風景構成法の怖さを強く思い知った。アイテムを、そこに描かれるとはイメージできないにもかかわらず告げねばならないという、それはまさに暴力的なまでの宣告のように思えたのである。けれども、風景構成法のプロセスを彼女とともにし、その体験を引き受けていこうと覚悟したわたしは、「木」と告げないわけにはいかなかった。「木を……」。

中桐　「木」という声は、とてもかなしかった。しばらくの沈黙、しばらくの空白、の後に、目の前にゆっくりと、とてつもなく大きな生々しく生きた木が現われた。けれど、それがこの世界のどこにあるのか、わたしにはわからなかった。〈右端の手前？〉〈左端の手前？〉〈それとも家の近く？〉。どこにあっても嘘だった。見ようとするほどに見えなくなり、木は遠ざかった。目を開いて、眺めればながめるほど、存在するのかさえあやしく感

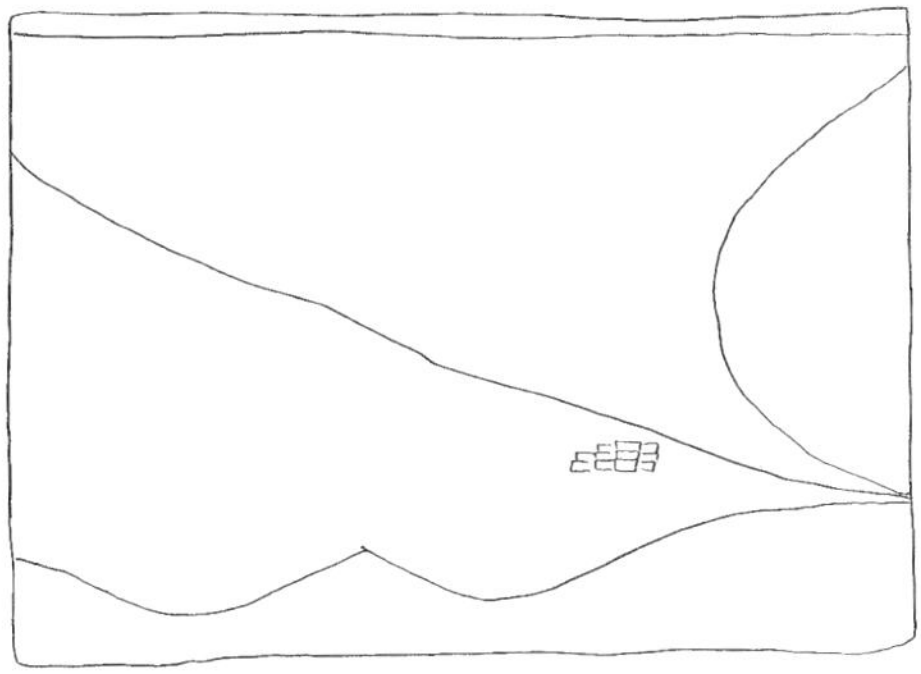

図4-10　風景構成法⑩

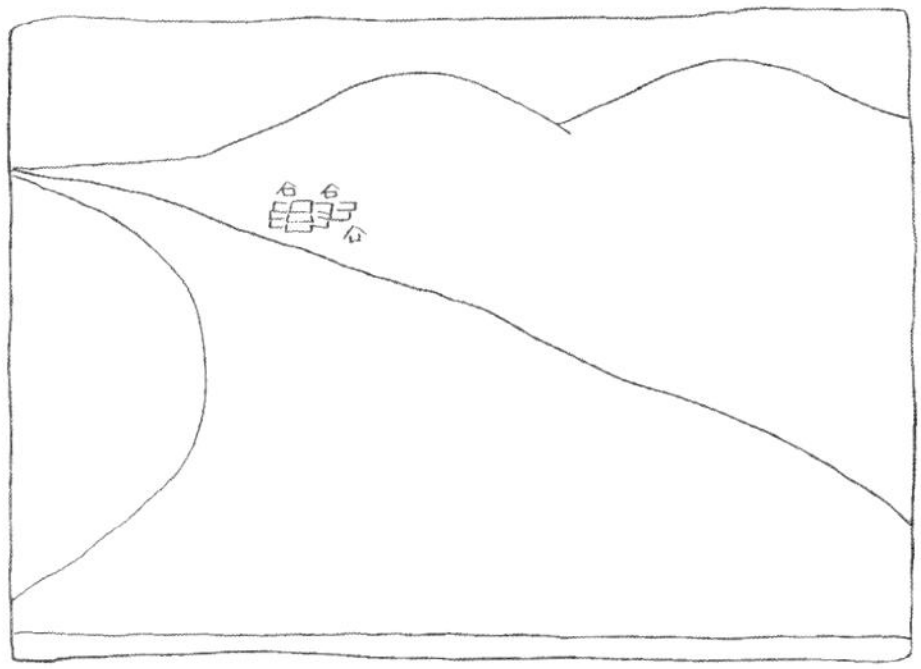

図4-11　風景構成法⑪

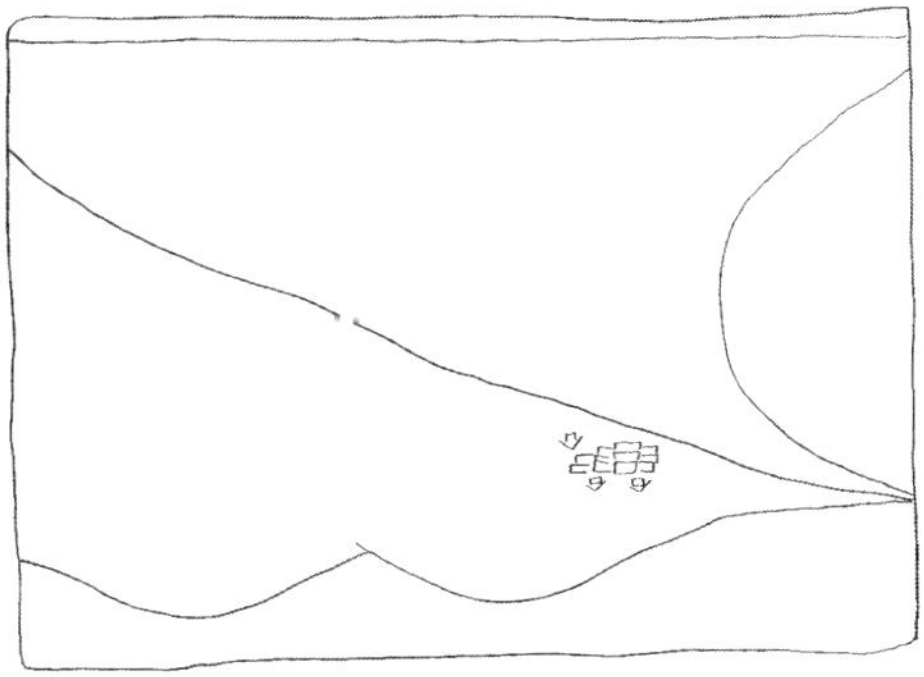

図4-12　風景構成法⑫

じられた。目を閉じてみても、同じだった。

ふたたび目を開き、〈描くなら、家の近くかなあ……〉と思った。けれど、それはしてはいけない気が、とても強くした。でもそれ以上に、身体が、震えを通り越して、まったく動こうとはしなかったから、それはできないことだったのかも知れない。〈どうしよう。どうしよう……〉が、わたしのなかで、ぐるぐる渦巻いていた。家のそばに、小さく立っている木を眺めながら、わたしはその渦のなかに、ただただ揺られていた。〈どうしよう。どうしよう……〉。薄らぐペンの感覚を何度も握りなおすことによってたしかめながら、たたずんでいた。

たくさんたたずんで、もうどうしてもここから動くことができないと知ったとき、「木は……、わからない……。見えないから……、描け、ない……。」と、精一杯の覚悟で声にした。その声を聴いて、〈そうだ、見えないんだ〉と思った。家の近くにあるそれが木ではないことに、その声によって気がついた。その声を聴いた身体は、震えていなかったし、わたしは呼吸を感じはじめた。

皆藤　やはりそうだった。彼女の語りにわたしは深く納得した。同時に、非常に暴力的な宣告をしたわたし自身と風景構成法の暴力性を痛感した。そうして、その暴力を受けつつもこの世界と真摯に向き合った彼女の姿勢に、彼女の強さと誠実さをわたしは感じた。

「人」も「木」と同じだと思った。人の居場所がこの世界のどこにあるのだろう。紙面を眺めながら、わたしは途方に暮れた。そして、「道」のときと同じように、「人」がいかに現われてくるのかが、この世界の創造にとって決定的なことだと、わたしは思った。「それでは、人を……」。

中桐　つぎに「ひと」と響いたとき、それは迷うことなくすぐさま〈わたし〉という音と重なった。わたしがいる場所は、ひどくはっきりとしていたけれど、わたしにはわたしが見えないし、もし見えるとしたら、それはとても不自然だった。〈ならば、わたし以外の「ひと」を……〉とは思ったものの、〈わたし以外の「ひと」って？〉。……。どう考えてみても、そんな存在はわからなかった。すこし、混乱していた。

身体の緊張と、目の前がくらくらするような感覚を味わいながら、気づいたら「どうしよう……」と、声にしてつぶやいていて、その声に驚いた。

皆藤　「どうしよう……」との彼女の声を聞いて、わたしはとても強く確信した。人はかならず現われてくる、と。「木」に向き合うことができたのだから、この呟きは生成の声に他ならないとわたしは思った。

中桐　けれど、その「どうしよう」が、〈描こう〉というわたしの覚悟だった。声になったそのときに、たぶん「人」を描くことができたのだと思う。ここにいるわたしを、描いた。道の上に立っているわたしを、不自然な身体を通して、描いた。描いた直後、ふと先生の息づかいを感じて、身体の不自然さがほんのすこしだけ溶けた感じがした。現われたわたしは、思ったよりも大きかった。もっともっと、小さいと感じていたけれど、けっこう大きかった。微笑ましいような、嬉しいような、それでいて切ないような、そんな感じが微かにわたしに触れた（図4－13）。

皆藤　現われた人は、最初は不思議な感じだった。けれども、しばらく眺めているうちに、人はそこにしか現われようがないと強く思った。道の上の人に、道の現われと人の現われの不思議さと、この世界の創造にとってのかけがえのなさを強く感じた。

そして、これまで砂漠にしか見えなかったこの世界に、たしかに「川」が生きていることが、実感としてわたしに伝わってきた。風景構成法の始まりからずっと砂漠だった世界に、川が生き始めた。川に生命感をもたらしたのは人の現われだったように、わたしには思えた。人と川との関係に想いを巡らせていたとき、どきっとした。〈この人は、川に飛び込むんじゃないだろうか〉と、思ったのだ。そう思うと、このイメージがわたしを圧倒し尽くした。鼓動の高まりとともに目眩が襲ってきた。〈ああ、わたしはどうしたらいいんだろう〉と、何度も何度も思った。人は、川が生命感をもってこの世界に在るための供犠なのだろうか。そうであっては、人はこの世界に生きることができないではないか。

何とも言いようのない思いを乗せて、「花を……」と声にしていた（図4－14）。

中桐　「花」という声は、いろんなものを超えていた。その声と同時に、葛藤や迷いやぎこちなさなど、いろんなものを超えて、自然に花は現われた。わたしに近いところに、においや気や姿がはっきり感じられるところに、ふつうに花はあった。はじめて、描いているのが楽しかったし、はじめて、描いていることを感じずに描けていた。「描いている」のではなく、ただ、花がそこにあった。たぶんはじめから、そこにあったのだと思う。わたしの近くに……（図4－15）。

皆藤　「木」のときに、わずかに木が生息するとしたらそこだろうと思っていた地に花が現われた。それはわたしにとっては自然なことだった。また、川が生命感をもってこの世界に生きていることを思うとき、花はとても穏やかにそこに息づいていると感じた。

けれどもわたしは、「人が川に飛び込む」というイメージに呪縛されていた。この呪縛から解き放たれないかぎり、風景構成法を終えることはできないと思った。強い緊張感がわたしに取り憑いていた。「では次は生き物を……」（図4－16）。

中桐　「いきもの」。それがいることは、すごく強く感じた。その声とともに、息づかいとか体温とか、そういうものがありありと伝わってきた。けれど、いくら待ってみても、それらが姿を現わすことはなく、どんなカタチをし、どんな場所にいるのか、わたしにはまったくわからなかった。〈川のなかかなあ……〉〈山のなかかなあ……〉〈それともこの辺りかなあ……〉。視点を移すたびに、〈どこにいるのかなあ……〉と思うごとに、どんどんと溶けて白くなっていくように感じた。白が膨満して、はじけてしまいそうな感じで、目眩のような感覚に襲われた。じんわりと、手には汗を感じた。

「生き物は……、いるんだけど……。たしかにいるのは感じるんだけど……。姿が……、見えない……、から……、わたしには、描けない……」。そう声にして語るのは、おだやかにかなしかった。〈でも、たしかに存在

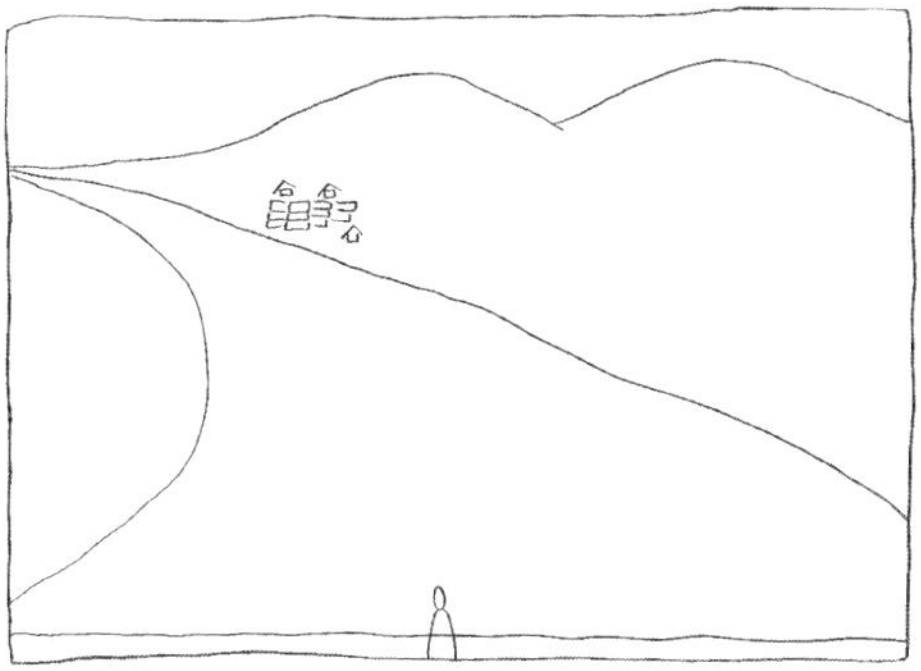

図4-13　風景構成法⑬

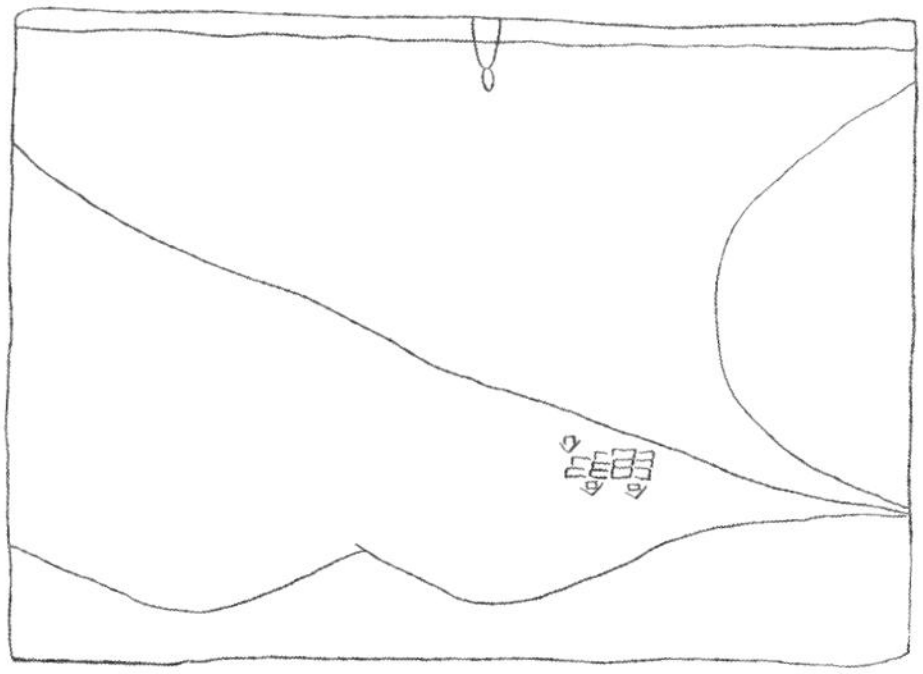

図4-14　風景構成法⑭

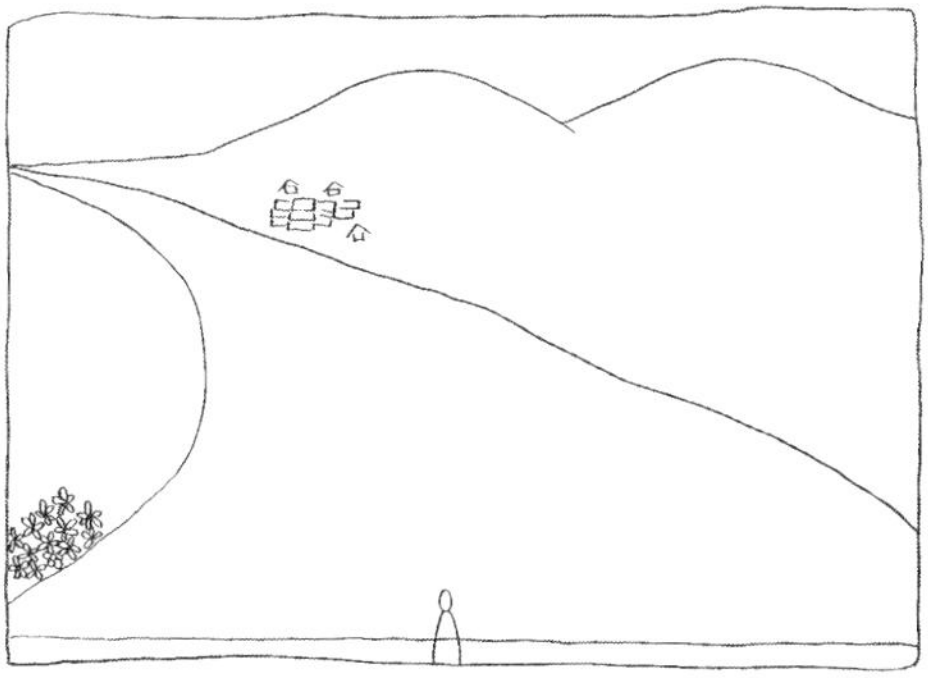

図4-15　風景構成法⑮

するから、だいじょうぶ〉、という想いが、かなしいわたしを支えていた。語る声が、はじけそうな白を、支えていた。息を、静かに大きく吸い込んだ。

皆藤　生き物はいるけれども、姿が見えないから、描けないとの彼女の語りから、この世界が生命感をもってきているると感じられた。そして、そのことと繋がるように「人が川に飛び込む」というイメージに呪縛されているわたしにとって、その語りがただならぬものに受け取れた。〈どんな生き物がいるんだろう。邪悪な生き物なのだろうか……。それは、この世界にどんな繋がりをもって在るのだろう〉といった想いに駆られた。わたしの内で何かが動き始めているのを感じるが、わたしの呪縛は解き放たれてはいなかった。

「最後に石を。小さな砂でも大きな岩でも、石でできた物でもかまいません。石を……」。いくぶん、姿勢がととのわないままに、最後のアイテムを告げた。

中桐　さいごのアイテムとして「石」という声を聴いたときも、やはり目の前は白かった。「砂のように小さなものでも、岩のように大きなものでも、あるいは石でできたなにかでもいいです」と聴いても、それらがすぐに見えてはこなかった。わたしは、〈いし。いし。……〉と、呪文を唱えながら、待っていた。〈いし。いし。……〉と。しばらくして、わたしはふと、この手のなかにある石に気がついた。わたしは冷たい石をひとつ、しっかりと握っていた。しかし、持っているその石に気づくと同時に、身体は冷たく震えた。〈描けない〉と思った。〈この手にあるのに……〉。

それでもわたしは、描かれた「人」をじっとみつめ、石を知っているその右手を、何度もなんどもそこに想った。ペンを持ったわたしの右手が動き出すまで、何度もなんども、想った。すこしずつ、人の右手が現われてきて、それがしっかりと見えたときに、ペンが動いた。

「石は、この人が持ってる」と、わたしはたしかな感じでそう言えた。先生がうなずかれたのも受け取れるくらい、たしかな感じで、そう言えた（図4－17）。

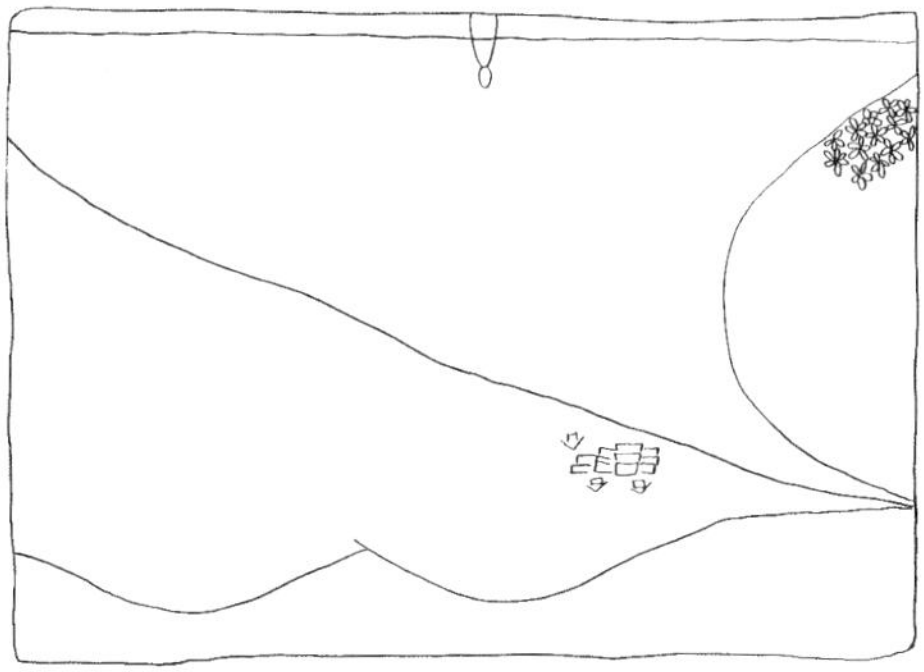

図4-16　風景構成法⑯

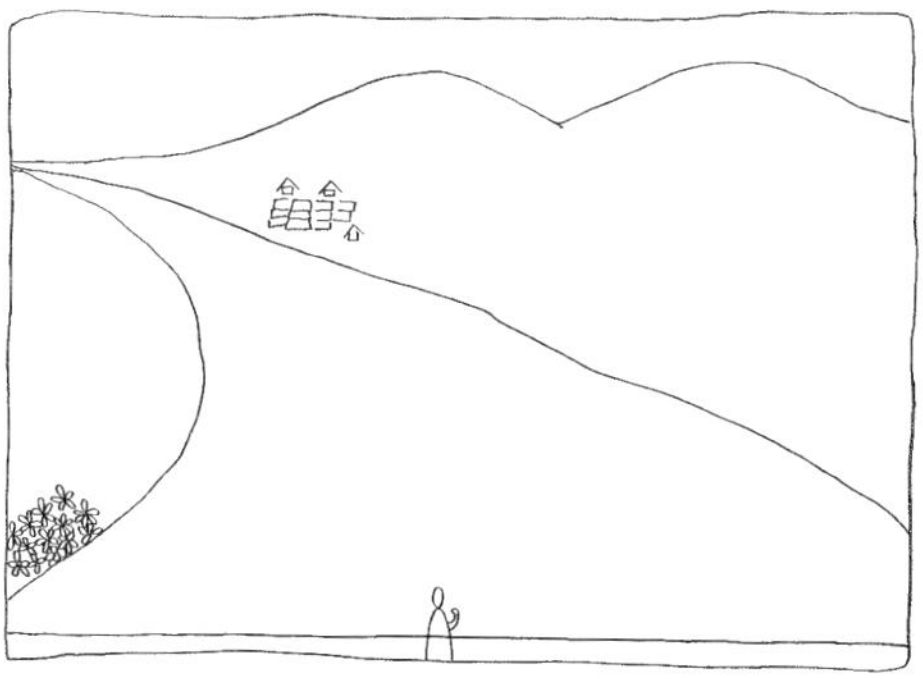

図4-17　風景構成法⑰

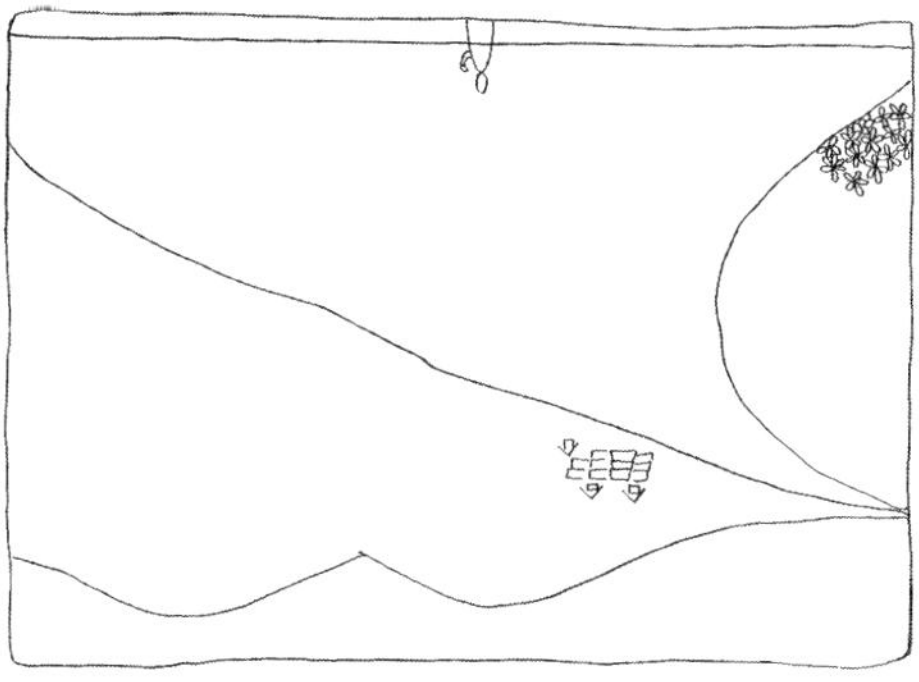

図4-18　風景構成法⑱

皆藤　「石は、この人が持っている」とのことばによって、わたしの呪縛は解き放たれた。ほんとうにほっとした。人はたしかにここにいて、そうして石を持っている。そのことの何という存在感の重みだろう。〈人は川に飛び込むんじゃなくて、石を持って道の上に立っている〉。何度もそう思った。

そうしてわたしは、付加アイテムの内容を告げた。「ほかに付け加えたいものがあれば、直したいところがあれば自由に描いて風景を仕上げてください」。告げながら、この世界に付け加えるものもなければ直すところもないように、わたしには思えた（図４－18）。

中桐　「ほかに、なにか加えたいものがあれば加えてもいいし、直したいところがあれば、直してください」というようなことが伝えられた。

ここにあるのに、まだ描かれていないものが、あった。「月」と「一番星」。細いほそい、あしたには新月になってしまう下弦の月が、そこにあった。くっきりと、鋭いまでにくっきりとした輪郭を浮き上がらせて、そこにあった。あまりにはっきりとそこにあるにもかかわらず、それでもわたしは、描くのに緊張とためらいを、おぼえていた。ペンは、すんなりとは滑り出さなかった。力技のように、〈えいっ〉という感じで、ペンを動かした。月と星を、一気に描いた。ただそこにある、月と星を。

そうしてできあがった風景を眺めながら、〈加えるもの……〉とつぶやいたとき、家がぐんぐん増えてきて、家がぐんぐん歪んできて、怖かった。じっとしていると、家と田んぼがある地帯がうごめきだして、風景を壊してしまいそうに感じた。だから、わたしは、ぐっと力を入れて見つめて、そのうごめきを無理やり止めた。汚いやり方だけれど、〈これでいい。このままにしよう〉と、止めた。どんどん動き出してしまいそうなペンを、止めた。

顔をあげて、「これで、いい」と、先生に伝えた。すごく変なことばだと感じながら、でも、そう伝えた（図４－19）。

皆藤　「これでいい」との彼女の声には妙な力がこもっている感じがしたので、わたしは少し心配して彼女を見た。けれども、それがどんな力なのかを感じ取ることはできなかった。

風景に目を移すと、月と星が印象的だった。月が出たなあ、何時ごろだろう、まだ夜という感じではないのだけれど、と思った。そしてわたしは、ここまでの道のりの長かったことと、その道のりをとおしてこの世界が現われてきたことに想いを馳せていた。

それから、この世界がどんな色合いを現出するのだろう、と思いつつ、彩色に導いていった（図4－20）。

彩　色

皆藤　「では、色を塗ってください。色塗りに順番とかはありませんから、好きなところから塗りたいだけどうぞ」と伝えながら、クレヨンと色鉛筆をテーブルに置いて、彼女に差し出した（以降、描き手の体験が語られた後に見守り手の体験が語られている）。

中桐　先生は、「では、この風景に、彩色をしてください」ということばと、クレヨンと色鉛筆とを、差し出された。

クレヨンをみたとき、月の色が、そこにあった。これはほとんど迷わなかった。月と、星は、迷わずに塗れた。世界に月と星の光が現われると、急に身体の固さがやわらいだ。身体が、ふつうになった。

つぎにはどうしても、川に光が欲しかった。紺や青や紫や……彩りを加えるごとに、濃い水の息づかいが生まれてきて、風景はどんどんと落ちつきを持って、きっちりとそこにとどまる力を増していった。クレヨンを持っている身体は、サインペンを持っていた身体とは、違った。彩色しているわたしは、ペンで描いたわたしとは、違った。わたしは色の力に、没頭した。「色」には、うねりうごめく「白」を、封印していく力があったのかも知れない。

それから家と田を塗った。わたしにとっては、そこに色はなかったのだけど、でも、塗った。そこには、色をかぶせることが、必要だったのかも知れない。

そしてたぶん、道を塗った。川に架かった石でできた道は、グレーだった。ちょうど、クレヨンの箱に並んでいたグレーが、そんな感じの色だったので、それで塗った。

つぎに花を彩色した。〈この辺りの色たちだなあ……〉と思って眺めたのは、クレヨンの箱の黄色から濃いオレンジ色の辺りにある数色だった。花を塗るのは、ことさらに楽しかった。うすいオレンジ、黄色、檸檬色、濃いオレンジ……。かわるがわるにクレヨンを取り替えるのも、楽しかった。ただ、濃いオレンジの隣に「赤」があることに気づいたとき、驚いてふっと我に返った。〈これだけは、違う〉と、一瞬、次元がズレて手が止まった。

山の彩色は、すこし困った。その色が、そこにはなかったから。クレヨンの色は、山の色と比べてどれも浅はかな感じがするくらい、薄っぺらだった。軽薄な色合いを放っている気がして、どのクレヨンに手をのばしたらいいのか、わからなかった。このときはじめて、ちゃんと色鉛筆の方も見たけれど、それらも大差はなかった。もっともっと、深いふかい、色が欲しかった。

それでもわたしは、山は彩色したかったので、すこし恐る恐る、深緑のクレヨンを手にした。どう考えても違うその色を、静かに山の上にかぶせていった。そしてその上に、これも浅はかな感じのグレーやベージュを、重ねた。ところが、重ねてみると意外な色が現われて、〈いいかも知れない〉と、思えた。その色に出逢ったとき、すこしだけ嬉しい感じになって、山の彩色にかんする困惑や迷いが、消えた。

迷いが消えていたから、左側の山にグレーを重ねているときに、突然「黒」が紛れ込んだのにも、ちょっと驚いたけれど、〈これもありだなあ……〉と感じられたのかも知れない。〈これを「あり」だと思えるなんて、珍しいなあ……〉と、ますますちょっと嬉しい感じだった。

図4-19　風景構成法⑲

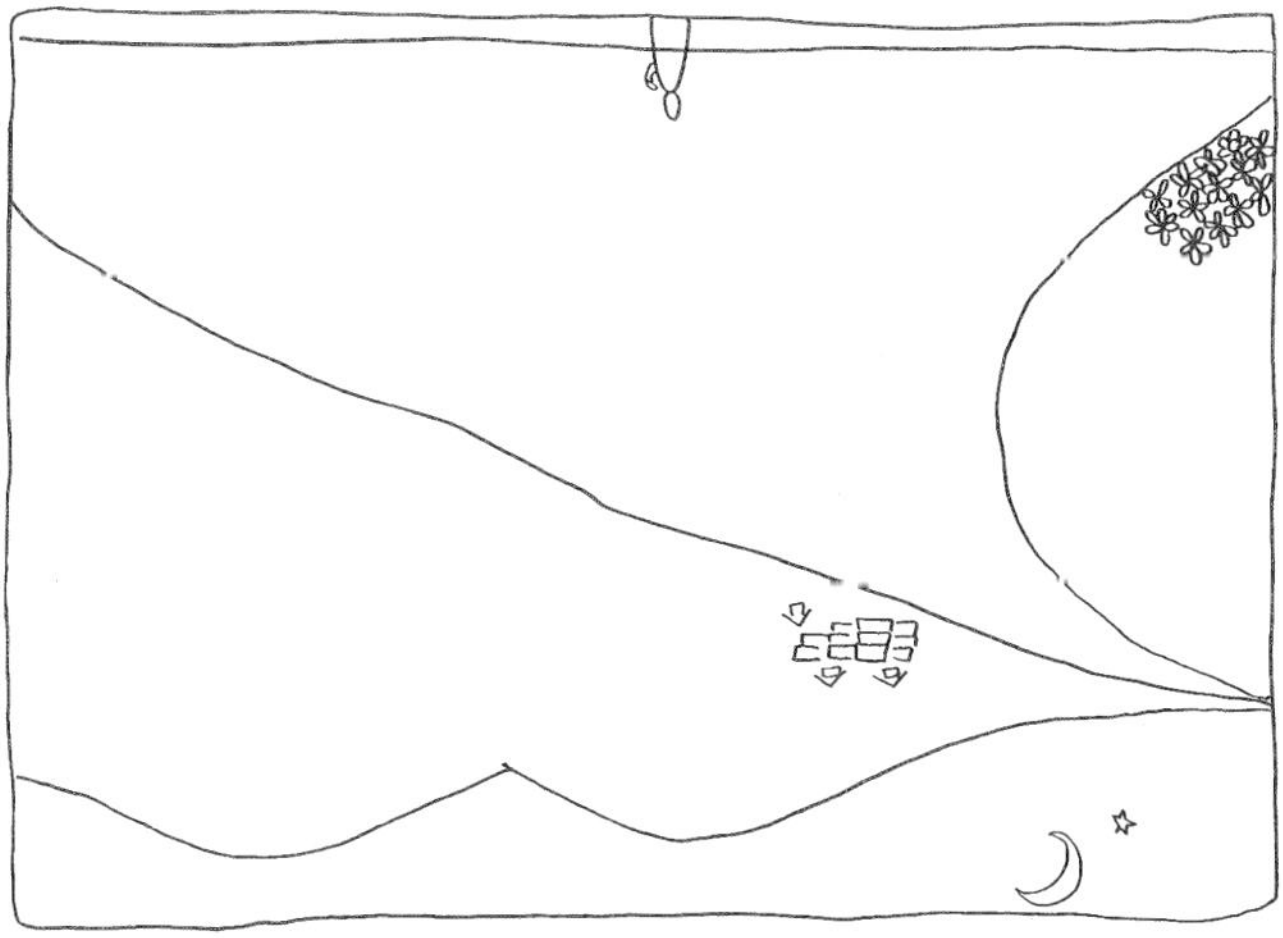

図4-20　風景構成法⑳

山を塗り終えてから、わたしはクレヨンを見ながら空の色を探した。これから闇にむかう空は、まだすこし、明るかった。月も星も、まだ太陽の温度が残る明るい空に、たたずんでいた。明るいブルーと、ピンクを使った。闇はまだ、訪れてはいなかったから。

さいごに人を塗ろうと思った。とくに、人が持っている石の色は、とても塗りたかった。黒ではない、艶やかな濃いグレーのような、密度の濃い、冷たく充満した色だった。クレヨンの端から端までを何度も往復したけれど、その色は、どうしても見つからなかった。だからそのなかでは近い「黒」と「薄いグレー」の間を、わたしは何度も行ったり来たりしながら葛藤していた。重ねることも考えたけれど、むしろそれは、もっともかけ離れたものになると確信してしまっていたので、それもできなかった。ひとたびグレーのクレヨンを手にして塗ろうともしたけれど、やはり、わたしにはできなかった。そして石は、とうとう塗ることができなかった。

人の着ている服は、何色か、わからなかった。どうしてもイメージができなかったし、どの色のクレヨンも、圧倒的に馴染まなかった。色を眺めるほどに、色はあり得ない気が、強くつよくしてきて、わたしは、人を彩色することもあきらめた。

ひと通りの彩色を終えて、風景を眺めていると、左下にある花たちが、どんどんとその数と光を増殖させていくのが見えた。みるみるうちに、川の左側が一面花で埋め尽くされた。その眺めは、すごくいい気分だった。わたしは「いまから加えても、いいですか」と、尋ねた。そこにある花を、描きたいと強く想った。「どうぞ」という先生のことばで、わたしはふたたびサインペンを握った。花は、とどまるところを知らずに、その勢力を増していて、左側の一面は、むせ返るほどに濃密な花畑になっていて、白い部分が皆無となっていた。そのときわたしは、ほんの微かに恐怖を覚えた。身体は、震えるどころか、いまにも勝手に描き出してしまいそうなくらい、柔らかくあたたかかった。でもわたしは、震えていた。

すごくすごく迷ったけれど、今度は、やっぱり風景はこのままの方が、ここで止めておいた方が、その方がいいような気がどんどんしてきて、そして、「やっぱりいいや。このままで」「加えるのは、やめます。これで、終りに……」と、言ってペンを置き、先生に「終わる」という宣言をした。

先生に、「これで、風景は、完成ですね？」というようなことを尋ねられ、わたしはしっかり頷いた。裏に、今日の日付と名前を書き、終了した。

皆藤　素描の最後に描かれた月と星から塗られたことが印象的だった。まず、世界を照らす光がもたらされた。それはとても穏やかでたしかな明るさのように思われた。この光に照らされた世界はどのような様相を見せるのだろうか、そんなことを思いながら見守り続けた。彼女の身体は何かを醸し出している、そのことがとてもはっきりと伝わってきた。彼女自身が創造されていくのかなあ、などとも思っていた。

川の彩色には目を奪われる思いだった。反対の方向から眺めているからだろうか、圧倒的にほとばしる力を感じてしまい、ふたたび「川に飛び込む人」のイメージがよぎった。素描の初めには「砂漠」に見えていた川が、確実に生命感に溢れた川としてわたしの眼前にあった。自由連想が続いた。〈これは濁流ではない。濁っていない。川そのものが生きている深く濃い青を中心に流れる世界だ。人間の営みに圧倒的な力でもって存在する川。文明の始まりの川のようだ。その川に人が向き合っている。人間の営みの原点がここにあるようだ〉。

川の圧倒的な生命力に比べて、家と田はほんとうにひそやかだなあと、わたしは思った。素描のときに感じたような、田が田であることとか、家が家であることとかは、わたしには相変わらずさして大きなことのようには思えなかった。それよりも、田と家はこの世界とはどこか次元の違う在り方をしているように感じられた。

グレーの道には、正直、驚いた。舗装されているとは思わなかったからである。〈舗装されているんだ〉と何度か唱えて道を眺めながらわたしは、素描のときの、道が現われたときに感じたかけがえのなさを思い、そして今、目の当たりにする明らかに人間の営みが現われているグレーの道に、この世界の創造に人間が与ったことを強く思った。なぜかわたしは、〈ここだなあ。ここが世界を見る視点場だなあ〉と感じていた。

花を塗るときの彼女は、これまでとは違って楽しげだった。木が生息していると感じられた地に花は楽しげに生きている、そんな気がしてわたしは少しほっとした。

それからふと、人の位置（世界を見る視点場）から世界を眺めてみると、山が気にかかった。素描のときは、山は山そのものとしてそこにあると確信をもっていたその山が、彩色を待っているように思えた。山は塗られなければならない。しかし、どのように彩色されるか、それはこの世界を大きく変えることにも繫がってくるだろう。そう思ったわたしに緊張感が走った。山はどのように現われてくるのだろうか。彩色を見守った。

現われた山の色は、わたしにはとても馴染むものだった。それは、素描のときの、山の描線が山そのものとしてほんとうに柔らかく体験された感覚といささかもずれるものではなかった。世界が現われたと実感すると同時に、身体そのものが現われたとも感じていた。

山によって現われた世界を眺めていると、これ以上の彩色はあり得ないような感じを抱いた。わたしは、石を塗ってほしいと思っていた。石は、「人が川に飛び込む」というわたしの呪縛を解き放つことに繫がっていて、「石を持って道の上に立っている」人の存在感というわたしの体験と繫がっていたからである。けれども、山の次に塗られたのは空だった。

わたしは、彩色された山からおのずと地平に目が向いていたのだろう。天空に目が向くことはなかった。月と星が照らし出すのは地上の世界だけではなく世界全体なのだということを、空が塗られていくなかで思った。空は不思議な色だった。わたしにはこの世界が夜とは思えなかったし、月がたしかに照らし出している世界は昼とも思えなかった。〈何時ごろの世界なのだろう〉と、何度も思った。

それからいくつかのやりとりがあったが、世界はこれ以上に変貌することなく、「これで、終わりに」との彼女の声を受けて、わたしから「完成ですね」とたしかめた。やりとりをとおして彼女の逡巡が伝わってくるとともに、「終える」という強い意志も感じた。最後に、今日のこの日にこのときが存在していたこと、この世界が創造されたこと、それらはかけがえのない一回性を生きる営みであったことの証として、日付と名前を記入してもらった。

3　作品を眺めながら

見守り手であるわたしには、実は、作品を眺めながらときをともにする体験が途方もなくたいせつな営みであるとの、実践からもたらされた確信がある。こうした確信を、わたしは心理臨床家としてきわめて重要なこととして心理臨床を実践している。風景構成法作品を描き手とともに眺めるときがたいせつであるのはどの場合もそうなのだが、今回はとりわけそのことを強く感じた。

以降、彼女によって語られた体験が綴られている。わたしの語りは「問いかけ」や「語り」に限定し、それらがどのような脈絡でもたらされたものかは、さまざまな事情を勘案して語ることを差し控えておく。ただ、すべてがわたしの確信に支えられた強いコミットメントであったことと、日常の心理臨床の場面ではこれほどに「問い」「語る」ことはないことを記しておく（図4－21、口絵2　風景構成法完成作品）。

中桐　ふたたび風景を表にして、先生と二人で、その風景を眺めた。じいっと黙って真っ白で眺めていた。

皆藤　この風景、好き？

中桐　突然白い世界に届いてきたその響きが、思いもよらないものだったことに驚いたけれど、そんなことよりも、それが、これ以上ないくらいぴったりなことばだったことに、ほんとうにほんとうに驚いた。「うん。好き」と声にすることに、なんの障害もなかった。

皆藤　そっか……、好きか……。

図4-21　風景構成法完成作品

中桐　その先生の声は、ちゃんと届いてきた。

……

皆藤　その道は、グレーだけど、舗装されているの？

中桐　その問いに触れたとき、「舗装」という響きがわたしをざわめかせ、ひどい違和感とかなしみでいっぱいになった。わたしは、かなり動揺しながら、「舗装……は、されてるのかなあ……。グレーだから……。土の道じゃなくって、川に架かってる道で、グレーだから……」とか、そんなふうにしどろもどろに応えた。

わたしにとっては、その道が「舗装」されていることを知るのは、ひどく辛かった。その道が「舗装されている」と語るのは、すこし気持ち悪くなりそうな感じだった。その道は、ほんとうに「舗装」されていたのだろうか……。わたしには、よくわからない。わたしには、それをたしかな感じで語ることはできない。

……

皆藤　この風景のなかに、あなたがいるとしたら、どこにいる？

中桐　わたしは、「これ」と即座に迷わずに、「人」を指差した。先生は、黙って頷かれていた。わたしにとってはすごく馴染んだ、すごくしっくりとした空気が流れていた。
皆藤　時刻は、何時ごろ？
中桐　この問いで、しっくりとした空気がすこし歪んだ。〈時刻？〉。わたしは瞬時にみずからの内側へ出かけ、「時計」を探した。けれど、どこを探しても、時計はみつかりそうになかった。ざわめいた。〈時刻、かあ……〉。時計で言えば、ほんの数秒のわたしの沈黙だった。
皆藤　あっ、やっぱりこれは、夜なの？
中桐　紡ぎ直してくださったこのことばが、わたしのざわめきを綺麗に消して、ひずみを平らかにした。「まだ夜には、なってない」と、わたしは応えた。
皆藤　そっかあ……。
中桐　その先生の呼吸が、とても自然に、その場を包む空気となって溶けているのを感じた。
……
皆藤　この人は、なにをしているの？
中桐　わたしは、〈そんなの、決まってるのに……〉という想いをほんのりと静かに穏やかによぎらせながら、「月と石を、見てる」、と応えた。そのわたしの応えは、先生にちゃんと届いた。ちゃんと届いたということが、ちゃんと伝わってきた。だから、しばらくの沈黙の後にわたしが、「あっ、でも、石は目で見てるわけではないけど……」と加えたのは、ちょっと余計な独り言にも近い感じがあった。そのことばを受け取られた先生の姿をみて、〈たぶん、ことばにする必要なんてなかったなあ〉と思ったけれど、一方で、〈やっぱりことばにしてよかった〉とも思った。
……
皆藤　彩色が終わった今も、ここに生き物がいることは感じる？

中桐　この問いは、わたしを混乱させた。「今も、生き物がいることは感じる？」という声にたいして、「うん、感じる」と、わたしはほとんど即答したと思う。けれど、そのときのわたしはひどく不安だった。ほんとうは、感じるのかどうかはよくわからなかった。……というよりおそらく、うまく感じられてないことを強く知っていた……、のだと思う。それでもわたしは、「感じる」と応えることしかできなかった。「感じない」という声を、発することはできなかった。

たぶん、サインペンで描いているときから「生き物」はいなかったのだと思う。「生き物」という声とともに強く感じた、息づかいとか体温とか、そういう〈存在〉のようなものは、たぶんはじめから「生き物」というカタチは持っていなかったのだと思う。それが何だったのかはわからないけれど、もしかしたら、それは「わたし」だったのかも知れない。呼吸し、生きているわたし。けれど思えば思うほど、それは不確かなものとなり、思うほどに妙な気分がぐんぐん大きくなっていった……。

その問いは生々しく、そして、わたしを混乱させた。あまり、触れたくない問いのひとつだったと思う。「生き物がいることを感じる」というわたしの応えは、わたしの呪文なのかも知れない。この辺りにことばを紡ごうとするほどに、目眩に襲われ、ことばが曲がっていく感じがする……。

……

皆藤　彩色は、どんな体験だった？

中桐　わたしは風景を眺めながら（なかでも「山」をつよくみつめながら）、「ほんとは、色、ぜんぜん違うんだけど……」と、言って黙っていた。

皆藤　ん？　その辺り、もう少し言える？

中桐　ん……。塗りたかったのに塗れなかったのとかもあるし……。

皆藤　たとえばそれは、あなたが使うことばで言うと、ととのえるとか、ひずむとか、わたしがいなくなる……、とか言うときの「違う」っていうのと、同じ感じ？

中桐　「ああ……、それとは、違う。そんなにひどく違ってるわけじゃなくて……。ただ、ほんとはもっと生々しくて、リアルな深い色をしてるんだけど……。もっと、色が生きているんだけど……。だからまったく「違う」別のものっていうより、ちょっと「ズレてる」っていう感じなのかなあ……」。ゆっくりとたしかめながら語るわたしの語りに、先生はじいっと黙って身を置かれていた。そして先生も、わたしの語りを抱えながらゆっくりと語りはじめられた。

皆藤　たぶん、そういうのって、多くの人が感じているんじゃないかな。ただ、それを自然にあたりまえのことと感じて生きられる人と、どうしてもそれを意識させられてしまう人と、いるんだと思う。

中桐　それからまた、しばらく黙って風景を眺めていた。そして、わたしはふと、「うん、悪くない」と言って笑った。先生も、笑われた。

4　エピローグ

その後、他愛もない話を交わしながらふたりは風景構成法から離れていった。その途上、見守り手であるわたしは、彼女にふたつの依頼をした。ひとつは、彼女にとって風景構成法体験はどのようなものであったかを語って欲しいという内容である。それに彼女が快諾し「語り」を寄せてくれた内容のほとんどは、これまでに語られてきた。ここでは、彼女が描き手としての体験から風景構成法を捉えた「語り」を紹介しておきたい。そこからは心理臨床家がきわめて謙虚に耳を傾けねばならない、描き手の声の響きが聞こえてくる。

いまひとつの依頼は、今回の体験と大学院の演習授業ではじめて彼女が風景構成法を描いたときの体験の違いを、とくに今回の見守り手との関係の体験に軸足を置いて語って欲しい、というものであった。大学院の演習授業では、集団のなかで風景構成法を描くという体験であり、見守り手と向き合いながら描いた体験ではない。またそこでは、さまざまな制約上、枠は描き手みずからがつけることになった。枠は見守り手が描き手の目の前でつけるという、風景構成法のなかでもっともたいせつなポイントが完全に逆転した状況であった。今回の体験を経て、そのことも含めて、風景構成法が関係のなかで創造されていくとわたしがつとに強調することが描き手の体験からはどのようであるのかを知りたかったからである。わたしのこの依頼にたいして彼女は、「先生との関係の体験というのは、『枠』をどう体験したかということでもいいですか」と、きわめて的確にわたしの意図を汲み取って快く応じてくれた。

描き手の風景構成法体験

後日、先生と話をするなかで、〈「風景」を「構成する」ってどういうことだろう〉と、それがよくわからなくなった。わたしはあの体験のなかで、「風景を構成した」、のだろうか……。

あの日、わたしは先生の声とともに世界の前にさらされた。アイテムが声になるたびに、ただわたしはどうしようもなく世界の前に差し出されていた。「十個のアイテムでひとつの風景を……」と言われたけれど、わたしにとってそれは結果であって、描いている体験は一つひとつとのかかわりがすべてだった。「川」と言われたときだけでなく、「山」も、「田」も、それ以後すべてのアイテムが、わたしにとってはつねに白紙に描く体験だった。画用紙は、つねに「白紙」という姿でわたしの前にあった。「川」という声はわたしを「川」にだけ向かわせ、「山」という声はわたしを「山」にだけ向かわせた。一つひとつのアイテムとの出逢いは、風景を構成する一要素とのかかわり、ではなく、素朴にそのものだけとの必死のかかわり、だった。一つひとつのアイテムそれ自体が、わたしにとっては「全体」であり「風景」だった。そうしたかかわりを通して生まれたものが、結果として「ひとつの風景」になったのだとしたら、それはとても不思議な感じがする。「風景」って何だろう……、と思う。「全体」って何だろう……、と思う。それらのことばに、すこし違和を覚える。

「構成する」という語もまた、わたしにとっては馴染まない。わたしにとってあの日のできごとは、「構成する」なんて軽やかに言えるような体験ではなかった。圧倒的にわたしは差し出される側で、いくら探してもわたしの手のなかには微塵の主導権もないようにさえ感じた。わたし自身があの体験を「構成する」と呼ぶには、そうとうの覚悟と、恐るべき「何か」を引き受けることが不可欠になると思う。いまのわたしには、たぶんそれはできない。それを軽やかに「構成」と呼べるのは、結果だけを眺める傷のない観察者だと思う。体験を眺めてなおそれを「構成」と呼べるのは、強くかなしい覚悟をした傷を生きる人間だけだと思う。……でも、こうやって語るとすこし妙な力が入って不自然な感じがする。だから、もうすこし根本的に、おそらく「構成する」ではない形で、このことばは在るのだと思う。そしてひとつの問いが生まれる。〈「風景構成法」という名は、「風景を構成する」という形で人間の在りよう（体験の主体としての在りよう）を指そうとしたものなのだろうか〉。

わたしは、この問いへのつよい違和感とともに、「風景を構成する」ではなくむしろ「構成された風景」という形で描き手の姿・人間の姿をさしているもののような気がする。たしかに外から語れば、「風景を構成する」という命名の仕方も可能かも知れないが、それは描き手としてのわたしの体験とは、あまりにかけ離れている。「風景構成」は、わたしが主体となって「する」行為ではなく、「される」ものであり「なる／生じる」結果としての「わたし」そのものであるように感じる。

わたしにとって「風景構成」は、それを目指しながら行為することができる「目的」ではあり得なかった。それは、終わってみて振り返ったときに生まれていた（かも知れない）「結果」でしかなかった。だからそれは、わたしの体験プロセスを「行為」としてそのただなかから名指したものというよりも、わたしの姿や在りよう、体験のカタチへの気づきから名指されたもの、という方がしっくりくるように想う。「わたし」や「体験」の在りようは、「構成された風景」なのではないだろうか……。

関係の下で描くこと

前回と比べたもっとも大きな変化は、まずは何より「枠」にあったと感じる。

おそらくわたしが今回、はじめに紙を目の前に置かれたときにおぼえた、すさまじいまでの白紙のうねりやうごめきは、描かれた「枠」によって産み出されていたものだと思う。そこに差し出された「白」は、「無」の象徴としての白ではなく、「生」そのもののような充満した白だった。そのとき差し出されていたのは、わたしであり、先生だったのかも知れない。前回は白紙に自分で枠をつけた。枠をつけたけれど、白紙は白紙のまま変わることはなく、「無」だった。そこはなにもない場所だった。だから今回は、描き、彩色も終えてなお残る「白」の場所が、前回のように気になることがなかった。そこにある〈存在〉のような感じを知っていたから、今回はまったく気にならなかったのかも知れない。なにがあるか、はまったくわからないけれど、あるということ、はとてもよくわかった。

それから、先生によって描かれた「枠」は、わたしにとってのサインペンの意味を、劇的に変化させた。前回わたしは、サインペンがもつ暴力性や狂気や破壊性を、恐ろしいまでにリアルに感じて、サインペンで描けという指示をひどく呪っていた。〈どうしてそんなひどいことが、平気で言えるのだろう……〉と、濃い悲しみを覆うようにして存在していた強い怒りや腹立たしさとともに、そう思っていた。サインペンを握らされた体験は恐怖であり、サインペンを滑らせる体験は苦しみと痛みだった。

今回わたしは、サインペンを手渡されたとき、少し驚くほどに、怒りや悲しみから遠かった。もしかしたら手渡されたそれが、先生が枠を描くときに使った同じサインペンだったからかも知れない。川のはじめの一本の線を引いたときにはとくに、ペンが描き出す太さの輪郭だとは思えないくらい、馴染んだ線がそこに現われたことに、不思議な想いがしていた。それ以降すべて、それがサインペンであることにうまく気づけないくらい、抵抗や怒りや腹立たしさや苦痛が、握っているペンに向かうことはなかった。たぶんむしろ、それを握っている手や身体に、一貫して感覚は向かっていた。

もしかしたら、「枠」が、サインペンを引き受けていたのかも知れない……と、思う。それがもつ暴力性や狂気や破壊性を、ちゃんと知っていることを、枠が語っていた……んじゃないだろうか……と、思う。少なくとも決して、「平気で指示を出している」わけではないことを、描き手であるわたしは知っていた。サインペンの異物感は、はっきりと手の内に感じていたけれど、サインペンであることへの違和感は、今回はまったく感じなかった。

それから、「枠」を枠としてクリアに体験したのも、今回がはじめてだと思う。たとえば道を描くときに枠のラインの体験は鮮明だった。〈このラインがなかったら、わたしは道を、どうやって描いたのだろう……〉と思ってみても、うまく想像ができない。溢れそうになる目眩を制しながら、呼吸さえ消して、ただただ枠のラインだけをしっかりとたどりながら、わたしは道を描いた。ラインに支えられた、とか、ラインに守られた、とか、そういうことではなく、わたしはラインを「体験した」、のだと思う。そしてこのラインの体験が、結果としては道となる、この一本の線を産み出したのだと思う。

前回、強烈に感じていた「先生」という存在も、今回は質を異にしていた。前回は、「先生に見られている」という感覚が恐ろしいまでに鮮明で、先生がそこに存在することへの違和感と馴染まなさが、どうしても離れなかった。どこか遠くから、どこか高いところから、まるで見物されているような感覚が、どうしても離れなかった。描いている過程で、先生は部屋をまわり、各々の作品のできゆく過程を見て歩かれていたけれど、わたしはできることなら、せめて描いているプロセスだけは絶対に見て欲しくはない、と思っていた。とてもズレる感じがしていた。たぶん先生は、そこにはいなかったんだと思う。

その意味では今回は、「見ている」先生は、いなかった。物理的に対面しているはずの先生は、わたしにとってなんの意味ももっていなかった。たぶんそういう先生は、存在していなかったんだと思う。

先生の存在を感じるときは、世界に溶けてしまっていたわたしが「わたし」として立ち現われる「とき」だった。先生を感じるときは、ここにあるわたしを感じるとき、だった。たとえば「声」を紡ぐときは、紡ぎながら先生を感じていたし、それはみずからの輪郭を鮮明に浮かび上がらせる「とき」でもあった。「声」は、先生の存在なくしては生まれ得ないものだったと思う。でもそう考えると、こんな風景自体、先生の存在なくしては生まれなかったとも思うけれど……。

わたしが体験した先生という「見守り手」の違いは、こうした「枠」の体験の違いであり、それはたぶん見守り手による傷の引き受け方の違いだと思う。あるいは、見守り手が引き受けたという姿勢の、描き手への届き方の違い……。たぶん、そうだと思う。

おわりに

ときに歪み、ときに流れる独特の空気のなかで、風景構成法は創造されていった。世界が創造されていったと言うことができるだろう。中桐万里子氏と風景構成法をともにする体験は、見守り手であるわたしにほんとうに多くのことを残していった。

実際に風景構成法が体験されていたときには、もちろんのこと両者にこのような「語り」が交わされていたわけではない。第三者的に見れば、ごく一般的な風景構成法の描画プロセスが進んでいっただけである。けれども、そのように見えるなかに、いかに生々しい体験が生きているのかを思い知ったのは、おそらくわたしだけではないだろう。

本章に結論のようなものは必要ではない。ここまでのプロセスが本章の意図を雄弁に語っているからである。

もっとも、描き手はつねにこのような体験をしているわけではない。関係の一回性という地平に立つとき、同じ体験は二度ともたらされるわけではないし、描き手と見守り手の関係によって風景構成法を生きる体験の在りようは異なってくると言える。けれども、風景構成法が描かれるという体験がいかに生々しくリアルに描き手の「生」の在りようを語っているかを、風景構成法に関心を寄せる心理臨床家ならば、そして心理臨床の領域に生きる（生きようとする）者ならば、自身の存在を貫くごとくに知らねばならない。そして、心理臨床とは本来的にそうした体験の織りなす世界に生きるクライエントと心理臨床家の在りようをとおして創造されるものであることを、知らねばならない。心理臨床家はもはや、「風景構成法作品から描き手の内的世界を理解する」などといった、科学的方法論に依拠した観察者などではあり得ないのである。

第五章

風景構成法体験がもたらしたもの

村松知子

はじめに

筆者は現在、総合病院の心療内科に勤務するひとりの心理臨床家である。病院臨床に携わってから約八年が経過した。病院では主として心療内科医からのオーダーで心理アセスメントと心理療法を担当しており、こうした日々の臨床の場で筆者はこれまで幾度となくクライエントに「風景構成法」を行なってきた。その際、ことばだけのやりとりだけでは計り知れなかったクライエントの表現に出会って唸らされたり、描いてみてはもらったもののこちらがその表現をどう受け取っていいのかわからずこころのなかで戸惑うこともしばしばあった。もう少し眺めていたいが、次のクラエントが来られるので、机の引き出しの中にあるファイルに一旦、描画をしまう。描画はその日の面接がすべて終わってからとか、次回の面接の前にとか、しばらく面接をしていてふと気になったとき、前回の風景と比較するときなどにファイルから再び取り出されることもあるが、そのまま数年しまい込まれることも多い。治療の経過中に自身の判断で用いるときはよいが、主治医からアセスメントとして依頼を受けた場合など、当たり前のことではあるが心理臨床家としての所見を出さなければならない。描画表現から、主治医が医者としてクライエントに光を当てている部分とはまた少し違った角度から光を当てるようにクライエント像が浮かんでくるような場合はフィードバックしやすいが、教科書的に羅列してあるようなことばをただ組み合わせて所見を並べ立てているような自分にハッとさせられるときもある。もしこの所見をクライエントがそのまま見たらどのように感じるだろう……。

いみじくも、風景構成法の創始者の中井久夫は「風景構成法は、患者をおとしめ、減点するためにあるのではない」と明記しているが[1]、ときとしてこのことばが臨床家としての自分の胸に突き刺さることがある。このことばは、風景構成法にかぎらずすべての心理アセスメントにおいて通底する箴言ではないだろうか。筆者の場合、クライエントに生じていることがよくわからない、つまり自分の理解の限界を超えているのに臨床家としての専門性を固持しようとつじつまを合わせようとしたり、クライエントに生じていることのすさまじさを垣間見て怖じ気づいたり、自分自身の心的エネルギーが低下していたりするときに、中井の指摘するような事態を招いているということに、遅蒔きながらようやく気がつきはじめた。

皆藤章は、「アセスメントとは人間の心理を査定する作業ではなく……人間を『知る』という全人的活動である……」と述べ[2]、「風景構成法を使用する心理療法家がこの技法を客観的に理解しようとすることへの危機感」について触れているが[3]、では「全人的活動」をとおして人間を「知る」という心理臨床家のあり方とはどういうものなのだろうか。それは経験豊富な卓越した一部の心理臨床家であるからこそ可能なものではないだろうか。こころのなかに疑問がよぎる。筆者の場合、クライエントに描いてもらった風景構成法作品を、たとえば病態水準を見るというような解釈的な見方で捉えていくことにどこかなじめないものを抱えてここまで来た。それは確かだ。そして皆藤の主張する全人的に人間を捉えていくという心理臨床家としての姿勢が、筆者のこころに強く訴えかけてきていることも確かだ。けれど、いざクライエントの描画を目の前にしたときに、筆者はそこにどうコミットしてよいのかわからなかった。何かつかめない……きっかけが欲しい……。

そこで筆者は、初心に返って風景構成法そのものをまずは自分自身がもっと体験的に知る必要があるのではないかと考え、それならばと思い切って皆藤氏に風景構成法を受けてみたいと申し出て、快諾いただくことができた。氏とは面識があったし、筆者が心理臨床の世界に足を踏み入れてまだ間もない頃、風景構成法の研修会があり、はじめて風景を描いてみたときの講師が皆藤氏であった。そのときは風景構成法という技法を学ぶために筆者は研修会に参加していた感が強かったと思う。けれども、今回は違う。これは筆者の氏にたいする、そして風景構成法にたいする密かな挑戦でもあった。ここでは、筆者にとって氏との二度目の風景構成法体験がどのようなものであったか、そしてその体験によってもたらされたものが現在の心理臨床家として筆者にどのように影響を与えているかについて述べたい。また全人的に人間を「知る」ということについても若干の考察を試みたいと考えている。

1 風景構成法体験

先ほども少し述べたが、筆者自身が「川……」からはじまる施行法に従って風景を描いたのは心理臨床家のための研修会の場でそれは講師の先生のことばに従って受講生が一斉に描いていくというものであった。また大学院の心理アセスメントの授業の一貫として教室でおのおの描いたという体験をもつ人もいるようだ。このような形で風景構成法を知ることは、ごく一般的なものであると思うし、こうしてやり方を学んだ後に、実際の臨床場面でクライエントに描いてもらうというプロセスをとおして風景構成法の知見は深まっていくと思われる。ただ、今回の場合、筆者は風景構成法にたいしての自身のコミットに行き詰まりを感じていたこともあり、実際の臨床場面にできるだけ近い状況で、いわば自身がクライエントの立場に身を置いてみるような形で風景構成法を体験したかったので、皆藤氏と一対一の面接場面で行なってもらうことにした。

描画中の体験

筆者の申し出に快諾いただいてから約一週間後、その機会がやってきた。皆藤氏からは「やり方についてはよくご存じだと思うので」とのみ前置きがあって、さっそく始めましょうかということになった。筆者はこのとき、普段面接室で使用しているケント紙と画用紙の二種類を念のため持参していったが、氏が用意されていた何枚かの紙のうち少し古いものなのかあまり白々していない肌理《きめ》の細かな紙が一枚あったので、筆者はそれを使用することにした。同じ「紙」といっても、比べてみると随分違うものであることをあらためて実感する。

こうして氏と筆者との間に置かれた一枚の紙に、枠づけが始まる。氏の描かれる枠線のスピードは速くもなく遅くもない感じで、紙上にスーと描線を引いていかれる氏の姿からは、ためらいや余分な緊張感のようなものはまったく感じられない。その迷いのない柔らかな描き方を見て、一体これまでに何度、氏はこうした場をくぐり抜けてこられたのだろうかという思いがよぎる。今回は自身の申し出で行なうことになったこともあったので、描き上がった枠線にいわゆる「強いられる」ような感覚はない。あるとすればこれからこのなかに描いていくのだという一種の気負いや意気込みのようなものだろうか。描かれた枠線はフリーハンドであるため、定規で描いたものではない、人間の手でしか描けないような微妙な「ゆらぎ」があって筆者にはなんとなくそれが心地よく感じられる。枠が描き終わったところで、いよいよ氏からペンを受け取る。このとき筆者は、風景構成法についてある程度の見方は知識として知ってはいるが、それよりもともかく、いまここの場で浮かんでくる風景を大切にして描こうと思う。氏は筆者が描いている間、筆者の描き具合を見計らいながら、「川……」から順にアイテムを述べていかれた。とくにことばをつけ足されることもなく、筆者の描いていくものにたいして表情でリアクションをされるわけでもなくただじっと見守っておられる感じであった。以下、筆者がどのように描画プロセスを体験していたかをアイテムの順に従って記述していく。

①川

すぐに描かず、どんな川が浮かんでくるのか目を閉じてしばらく待ってみることにする。そうすると右上方から左下方手前に向かって流れる川が浮かんできたのでそれを描く。描いてから右上方にあたる川の先端部分が少し太くなりすぎて画面での収まりが悪くなるかも知れないなと思うが、これが浮かんできたのだから仕方ないと思う。

②山

屋久島で見た山を想う。屋久島の山はまさに太古の昔、海中からマグマが盛り上がってできたという、創世神話そのものの風情が残っていて、エネルギッシュな緑に包まれていた。山々は連なっているが、描いていくうちに右方向に向かうに従ってだんだんと緩やかな稜線になっていく感じになった。ここに来る途中でイメージされていたのは南アルプスの頂に少し雪がかかったような山だったが、この場に来てから緑の山々にイメージが変わった。

③田

描いているときに、遠近感を出すのがむずかしいと思う。山の次に田を描くことで視点が「山から地に降りてきた」ようにも感じられた。

④道

川との関係で非常に悩む。しばらくまったくサインペンの動きが止まる。ともかくこれを描くのに一番時間を要した。全体的に収まりよくするには適当に右端で川とクロスさせたらいいかと思うが、見栄えよく描くことが目的ではないし、何かそうしてしまうことが安易に思えて、結局、画面の構成はおかしくなるけれどクロスさせるのを諦めて川と添うように道を描くことにする。自身でも不思議なぐらいここは妥協できないところで、葛藤と言うよりもむしろ格闘に近い感覚で、意識レベルで妥協して道を描こうとしても、同時に奥底から強い抵抗感がでてきてどうしてもそれができなかった。川と道との関係にこれだけ悩むとは自分でもまったく予想していなかっただけに、内心動揺し、この体験は後々まで筆者のこころにインパクトを与え続けることとなった。

⑤家

遠くに並んで建っている感じ。先ほど「道」で非常に苦心しただけにこの後どうなるかと思うが、ここはあまり迷いなくペンが進んだ。以前、氏の研修会で描いたものは、右手前の領域に非常に詳しく一軒の家を描いていたのを記憶している。

⑥木

ここまで何も描いていなかった右側の領域に描くことにする。日常場面でも木の立ち姿を見るのが好きなこともあり、筆者にとって木はあこがれであり、身近に感じている存在でもある。その分、少し思い入れが強すぎたのか、やや幹を太く描きすぎてしまい、それに見合う樹幹を描こうと思うと樹幹が川と道にかぶってしまい、どう処理するかで苦慮する。仕方なく樹幹を上へ上へとつけ足しながら描いているうちに、どこか川と道の行方を覆ってぼやかしているような心持ちにもなってきて、先ほどの川と道の問題がまだ続いているなと思う。次に左側の世界に視点を移し、山のなかにあって古くから地元の人びとの信仰の対象になっていたような場所への入り口として、鳥居のような役目を果たしている二本の木を描く。こちらの木はスッと描けた。

⑦人

右下に座っている女性。自分自身を重ね合わせながら描く。身軽な服装をしている。普段、自身が愛用している履き心地のよいスニーカーを思いながら靴を描く。女性は石の上に腰掛けて、木陰で一息つきながら川の向こうの自然溢れる素朴な世界を「いいかんじだな」と思いながら見ている。

⑧花

人の近くに描く。元気に咲いている。生き生きとした生命感情のようなものかと思う。比較的描きやすかった。

⑨生き物

木の上に留まっている鳥。女性と同じように対岸を見ている。自由にどちらの世界も行き来できる存在。橋がないこの世界にとっては貴重な存在である。川の中には二匹の魚がいる。一匹は水面を跳ねていて、水しぶきが飛んでいる。田んぼの中には一匹の蛙がいて、ケロケロと鳴いている。対岸の女性に向かって鳴いているようにも思うし、筆者自身に向かって鳴いているようにも思う。ともかくこちら側と鳴き声をとおしてコンタクトをとっているような感じ。蛙の後、鳥居に見立てた木の間にキツネを描く。キツネは「お稲荷さん」のイメージ。小学生の頃、毎日のようにお稲荷さんの山で遊んでいたのを思い出す。

⑩石

川の中の石と、山の中の石。山の中の石は木の鳥居の奥にあって、お不動さんとしてこの村の人びとの信仰の対象になっている。この石不動は実在するもので、筆者が休憩を兼ねて立ち寄ったあるお寺の一角に安置されていた。次に道の折れ曲がる部分にも道祖神を置く。以前、信州に行ったときにはじめて道祖神を見たが、お寺などに祀られている神さまとはまた違って、路傍など人びとのすぐ目にとまるところにある身近な神さまというイメージがする。

⑪付加

道祖神に手を合わせているおばあさんと一緒にお供え物を描く。素朴な人間性や暮らしのなかにある宗教性のようなものを表現したかった。お不動さんの石もそのような気持ちで描いた。最近テレビで見た「合鴨農法」[4]のことを思い出して田んぼの中に合鴨を数匹描く。最後に山の上辺り、空に浮かぶ雲を描いて終了。

【彩色】〈風景構成法①（図5－1、口絵3）〉

彩色ではとくに戸惑うことはなかったが、山から始め、塗るときに屋久島で見たエネルギッシュな緑の山の感じを思い出しながら、クレパスを重ねていった。女性の履く靴と雲の白を最後に塗って彩色を終了した。

図5-1　風景構成法①

描画後のやりとり

彩色が終わってクレパスを置く。「ここまでで、だいたい四十分です」と皆藤氏が言われた。現実ではそんなに時間が経っていたのかと思う。それからしばらく一緒に描き上がった風景を眺め、ことばを交わすこともなく風景を見ている。筆者の方はともかく描きあげたばかりだったので、まだその余韻が残っていたのと、氏がどのようなことばかけをされるのかという思いもあったのでそのままじっと風景を眺めていた。

氏はまず「二つの世界が繋がっていない……」と言われ、続いて「川と道というのはもっとも本質的なテーマ」と筆者を見て言われた。描いているときに、一番困難を感じていたところについて真っ先に指摘されたので、手厳しさを感じるが、同時に「川と道」のテーマをしっかりと受けてもらったという手応えも感じる。この後、氏からは非常に身体性と深く繋がりのある描画で、この風景世界では橋というものすら自然から離れた人工物になってしまうし、人間さえも異質な存在となるような世界というようなコメントがあり、筆者はそれをただ黙って聴いていた。

山については、普通はこういう（手で示す）なだらかな山が多いけど、「こういう山（筆者の描いたもの）は珍しいね」といわれた。筆者としては思い入れを込めて彩色した部分なので、このときに氏には数か月前に屋久島で見た原初の面影を留めている山々について話し「ともかく、この山が描きたかったんです」と応えた。その後、いくつか目に留まったもの——キツネや石のお不動さん、道祖神に手を合わしているおばあさんなど——について筆者がコメントをつけていった。そうしているうちに〈付加アイテム〉のときに描いた合鴨について思い浮かんできたことがあったので、筆者はそれについて詳細を語ることにした。それは筆者がこの風景を描くつい数日前、何気なくテレビを見ているときに出会った、完全無農薬の合鴨農法に取り組んでおられる家族のドキュメンタリー番組の一場面であった。少し長くなるが記したい[5]。

それは、家族とともに農業の手伝いをしている十歳の少女が、途中死んでしまって無用になった合鴨を（少女の目からみたら）家族が肥料容器に無造作に捨てているのを見て「そのとき何か感じんと？」（方言のまま。以下同じ）と父親に疑問を投げかけるというシーンであった。少女にしてみたら、家族みんなで雛から大事に育ててきていたのに、なぜそんな扱いができるのかという理不尽さが募っているようであった。そしてあるとき、少女はとうとう意を決して、父親になぜそんなふうに捨てられるのかと問うた。父親はその少女の問いについて落ち着いた語り口で「そうやね……かわいそうとは思うけど、もう土に還すということで捨てるよ」と答えた。少女は続けて、成長した合鴨を殺して食べることにたいしても「お父さんは役目を果たした鴨は肉にしようやん」と疑問を投げかける。それにたいして父親は二人が座っている畑の中にあるオクラを指して「（お前は）オクラは食べるけれどそれはかわいそうとは思わんと？」と問い返した。少女がそれは思わないと言うと、「合鴨だけがいのちと違う。合鴨もオクラもそれぞれひとつのいのちだ」「生きているものは、いのちを食べんと生きていけない。食べるということは、生きもののいのちを食べることだ」と語りかけていったのだった。そして最後に「《合鴨が死んで》かわいそうということは、お前が〈いのち〉とふれあうことで見えてきたこと。〈いのち〉が見えてきたということ」と伝えていった。少女はその父親のことばをうつむきつつじっと聴いていた（二重山パーレンは筆者による）。

筆者は氏に、父親が少女に生きていくということの根本について語り、そこには子どもに向き合おうとする真摯な姿があったこと、こうした父と子の関係性にもこころが動かされたという話をした。また「いのちはいのちを食べて生きている」という生あるものに課せられた厳しい現実について自分はどこかまだ受け止め切れていないが、同時にそれを受け入れつつある自分も感じると伝えた。氏はじっと筆者のことばを聴いておられた。このことばを語りつつ、自分には「生／死」ということを巡ってのイニシエーションのテーマがあるなと思う。

その後、川の中の石や、跳ねている魚について「これはあなたの力やね」と言われた。よくはわからないが、この世界には橋がないので、こうしたものが両岸の間を繋ぐものになるんだろうかと思う。時間帯についても質問があり、それには「昼下がり」と応える。それにたいして氏は少し意外そうな「おお……」という答えだった。そして続けて筆者に「では、たとえば夜になったらこの女性はどうするんだろう？」と問われ、筆者にはそれはまったく予想していなかった質問だったので、しばらく考えて「ここでテントを張ってしばらく左側の風景を見ている気がする」と応えると、「そうやな、そういうのが必要なんやろな」と少しうなずかれた。この頃の筆者は現実でも旅をとおして自然の営みの美しさや力強さに目覚め、こころを和ませたり勇気づけられたりするようになっており、もっと自然に近づきたいと思っていたので、このときの氏からの「そうやな、そういうのが必要なんやろな」という返しことばに、どこか救われた感があった。が、同時に、右側の世界は自分にとってまだ何も始まっていないということもわかっていた。

そこは野原と一本の樹、花、石、女性ひとりのみでここをもっと耕していかなければと強く感じさせた。なぜならそれは自分の現実世界での居場所にあたるような気がしたからだ。左側の世界は素朴な祈りがある暮らし、人と自然が調和した世界というイメージで、拙い描画表現ではあるが気に入っている。これを描いたときに筆者にはようやくこの風景と出会うことができたというような感慨深さがあった。けれども右側の世界を充実させていくためには、左側の世界と別れていかなければならないのだろうかという思いも湧いてきたので氏に、「いつか左側の世界と別れなければいけないんでしょうか」と咄嗟に尋ねたのを記憶している。そのとき、氏は、「それはわからない」とまず言われてから、「(風景構成法は) ねばならないの世界ではなく、可能性に開かれた世界では」とはっきりと言われたのを記憶している。そのことばは「ねばならない」に縛られていた窮屈なこころを未来に向かって開いていってくれるようなそんな力強い響きをもって筆者に届いた。筆者にはやはり左側の世界をもっと体験したいという欲求もあったので、「ねばならない」に縛られず左と右、同時に世界体験を深めていったらよいのだという勇気をそこでもらったように感じた。左側の世界は筆者にとってはさまざまな経験をとおしてようやく布置されてきた世界だ。それは小さな自己からより大きな自己へと発展させていくときの土台になるような世界で、自然と宗教と暮らしがひとつになった世界だ。そうした世界に抱かれることで、堅い自分が少しずつ柔らかなもの、おおらかなものに変化していく――筆者はこの日、そんな予感をもちつつ部屋を後にした。おそらく筆者の場合、右側の世界もそれに従って緩やかに変化していく――そういうものなのかも知れない。

2　風景構成法体験のその後

風景構成法は、風景画でもなく、心象風景でもない。風景としてそれは描かれていくのだが、筆者の体験としては、おのおののアイテムがそれぞれ意味あるものとして枠線によって産み出された空間内にそれぞれ布置を成して存在している、という感じに近い。描いていると、どこがスッと描けてどこに困難を感じているか、非常にはっきりと体験されていく。描くことそのものをとおして自身のこころが形になり、ぼんやりしていたものに光が当たって、はっきりと目に見える世界に現われていく。そして現われたものに直面することで、内へ内へとさらなる問いが始まっていくのである。

自分は日々こういうことをクライエントに体験してもらっているのだ、こういうことを強いているのだとはじめて理解した。この体験をしてから、風景構成法やバウムテストなどの描画を描いてもらう際によく言われる、クライエントが描くひとつひとつの線を一緒に辿りながら見守る、という心理臨床家としての姿勢がようやく少し理解できるようになってきた。また、そのようにして風景を眺めていると、これまでとはまた違った感覚で描画を見ている自分に気づいた。その感覚をもし一言で現わすとすれば、「風景から語りかけられてくる」という種類のものであろうか。自身が今回、風景構成法を体験したときにも感じていたのがこの感覚で、たとえば筆者はあのとき描いた蛙がまるでこちらに向かって声を鳴らしているように感じ、それに筆者自身のこころも呼応して一緒に響いていくような気分になってきて、思わず笑みがこぼれてきそうになったのを記憶している。あれからも何度か、臨床場面でクライエントに風景構成法を描いてもらう機会があったが、病態水準をはかるというだけでない、イメージの次元でクライエントの身体が体験していると思われる世界の様相が描画のプロセスをクライエントとともに体験することをとおして喚起されてくるようになってきた。

たとえば、これまで「川」と教示した後、筆者はそれが画面をどう分割しているかとか大きさとか配置とかを見て、羅列的だとか精神病圏だろうかとか、彩色は可能だろうか等、思考的に判断し、区別し、分類しながら見ていることが多かった。けれども、「風景構成法」をみずからが体験した後、はじめて、あるクライエントの方に「風景構成法」を描いてもらったとき、筆者はその方が画面の左下から右上に向かってまっすぐな二本の線で「川」を描かれ、そのなかにいくつかの波線を描かれたときに「あ、この方のなかですーっと流れていくものがあるんだな」というふうに、まずはその「流れていく」という動きや性質にこころが反応し、クライエントとともにその「流れ」を体験するようなそういう感覚を抱いた。もちろんこれまでの思考的判断にもとづいた見方がなくなったわけではない。が、それがこれまでのように前面に出るのではなく、背後に退いてまずは風景をともに体験する方にシフトしていったのだった。そして、そのように描画を体験しているときは、「アセスメントをする側、される側」という文字通りのふたりの人間がいる面接空間に、異なる位相の空間の扉が開いてクライエントのいのちと自身のいのちが響き合って、柔らかくて弾力のあるものに包まれていくような、そんな感覚が湧き上がってくるのだった。――このときにお会いしたクライエントは度重なる近親者との死別などさまざまな困難を抱えられながらも継続的に外来通院され、筆者はそのとき、経過を診るためにテスターとして出会ったのであったが――その方のもつある種の堅さは、たんなる防衛というよりもいろいろなものを内に閉じこめることで生きてこられた姿というふうに筆者には見えた。が、描いているうちに少しずつほぐれてこられ、樹が根づき、はじめは棒状だった人間たちも彩色段階で皮膚と髪の毛が加えられ、顔ができ、おのおのに洋服が着せられて、最後には家族みんなが集う姿へと刻々と変化していった。筆者には、まるでそれが「いのち」が徐々に吹き込まれていく様相のように見えた。そして終了時、「はじめはどうなるかと思いましたが、描いているうちにだんだん絵になってきた感じです」と述べられ、その表情には充足感と同時に安堵感のようなものが浮かんでいたのが、筆者のこころに深く刻み込まれた。たまたまその後、クライエントを見かけた主治医にもその表情の変化は目に留まったらしく、普段より穏やかな顔をされていたと報告を受けた（筆者から主治医にたいしては、逆に、そのような変化にたいしては「閉じておられたものを開く」という意味合いもあったと感じられたので、ただ望ましい変化と見て取るだけでなく、それが今後どのように作用するかは注意深く見守る必要性があることを報告の際、同時に伝えたことを付しておく）。

筆者の「風景構成法」体験に引き続いて起こった、このクライエントとの「風景構成法」体験は、筆者にとって新たな「風景構成法」との出会いをさらに押し進めてくれるものとなった。

それはこれまで「へだたり」を感じていた風景と「つながり」をもてるようになった瞬間でもあり、換言すると、風景との間で新たなコミット[6]の次元を見出したとも言えようか。新しい扉がそこで開いたのである。

3 「風景構成法」再考

「いのちの営み」にふれること

こうしてあらためて「風景構成法」について思いを巡らせると、風景を見る側の体験や経験によって、見えてくるものが違うという事実に突き当たる。

日本を代表する風景画家の東山魁夷は、いつも見慣れているはずの熊本城の眺めがあるときまったく違うふうに体験されたというエピソードを記している[7]が、このような体験は、何も特別な人物にかぎったことではなく、日々の営みのなかに少なからずあるのではないだろうか。同じように、風景構成法においても、風景の見え方は心理臨床家の外的・内的経験によって流動していく可能性を常に孕んでいる。換言すると、心理臨床家としての実践経験はもとより、自分自身の生活体験によって開かれてくる扉がいくつもあり、その扉をとおしてわれわれは風景構成法を体験していると言えるのではないか。それは「いま、その地点」での「心理臨床家としての私をとおして」の見え方であって、「いつ、どんなときでも、誰にでも」そのように見えるという客観性と普遍性に保証されたものとは異なるように思う。また扉は多次元に渡って複数に存在し、扉から見えてくる景色もそれに従って異なる様相を現わしてくる。このうちのどれかひとつが唯一絶対の正しいものだと言い切ることの方が筆者には困難なことのように思う。むしろ心理臨床家は、自身が一体どの扉からその景色を見ているのかということを常に自覚しておく必要があるのではないか。

哲学者の中村雄二郎は、人間の身体感覚や感性を重視して生命現象を捉えていくあり方よりも、対象と自己を切り離し操作できる対象として自然や生命現象を捉えていく近代科学の方法論が人類の歩みのなかで、これほどまでに特別な位置を占めたことについて、「近代科学が十七世紀の〈科学革命〉以後、〈普遍性〉と〈論理性〉と〈客観性〉という、自分の説を論証して他人を説得するのに極めて好都合な三つの性質をあわせて手に入れ、保持してきたからにほかならない」と説明し[8]、近代科学が「あまりに強い説得力を持ち、この二、三百年来文句なしに人間の役に立ってきたために、私たち人間は逆に、ほとんどそれを通さずに〈現実〉を見ることができなくなってしまったのである」と述べている[9]。

ただ、近年は、医療界においてはNBM（Narrative Based Medicine）という考え方が提唱され、病いにおける患者側の主観的体験や語りを尊重する動きも芽生えつつある[10]。が、それらはまだまだ途についたばかりであり、こうした現状のなかで、心理臨床家として自分自身がそこにどう根を下ろしていったらよいのかという問題に筆者はどうしても突き当たってしまうのであった。一時は、近代科学の知の枠組みのなかに自身の居場所を見出そうと焦ることもあった。けれども、近代科学の知のパラダイムも数ある知のなかのひとつの知のあり方に過ぎないということを知ってから、その葛藤がなくなったわけではないが、こころが随分楽になったのを記憶している。

今後、さらに実証的研究などが重ねられて、「風景構成法」の見方、読みとり方というものが技術として修得されていく可能性もあると思う。が、この「技術」というのも、解釈の手段として統計的に標準化され、マニュアル化されたものというよりも、むしろいかにして風景をとおしてクライエントの内界に近づいていけるかというような視点での研究が望まれるところである。

また、今回の筆者の場合は、実際に描いてみるという行為をとおして——身体をまるごとそこに入れ込んで——描いてみた風景のなかにまさに自身が「生きているのだ」ということを「体感」したことが、「風景構成法」への知見を深め、新たなコミットの次元を見出すひとつの契機になっていったように思う。

そしてその体験知をとおして、なにゆえこれまでと違ったふうに風景が体験されるということが起こり得るのかと考えたとき、筆者はそこに生きとし生けるもののすべてを含んだ「いのちの営み」とわれわれ心理臨床家が深くかかわっていることが大きく関与しているのではないかと思うようになった。

精神医学者の木村敏は、「物質的なかたちにせよ、精神的なかたちにせよ、生きているものがそのかたちを保ち続けることはむつかしい。かたちが不変のまま固定しているところに生命はない。生きているということは、かたちの生成消滅を繰り返しながら、絶えず以前と同じ生命の表出としてのかたちが維持されるということである（傍点作者）」と述べ[11]、「生命の流れのどの一点においても、自己は自己としてのかたちの解体をおこないながら、これを直ちに再生産することによって、自分自身を維持することができる」としている[12]。このような生命観に立つとき、わたしはわたしという連続体でありながら、それは同時に一瞬一瞬のうちに解体されているいわば「不連続な連続体」でもあることが浮かび上がってくる。

面接空間という場では、クライエントのいのちと、心理臨床家のいのち、複数のいのちが生成消滅を繰り返している。一見、身体という外壁によっておのおのは隔てられているようだが、いのちはそこに閉じ込められたものではなく、そこではいのちそのものは絶えず動き、流れ、うねり、交歓しあっているのだ。小林康夫は、「こころとは……自分と他人との間にある何か」（傍点作者）と表現しているが[13]、筆者は「いのち」というものもそのように表現できるのではないかと考えている。そしてそれは人間同士にのみ交歓可能なものではなく、動物や自然などとの間でも成立するものであり、風景との間においても可能なことであると思われる。風景体験が変わるということは、いのちの交歓が生じることによって、風景と自分の「間柄」が変わるというふうにも言えるのではないだろうか。

人間を「知る」ということ

ここで最後になるが、「全人的活動」をとおして人間を「知る」という行為について、筆者なりの見解を若干示しておこうと思う。前述したように、「風景構成法」の見方は、心理臨床家の外的・内的経験によって流動していく可能性を常にはらんでおり、いのちとのふれ合いを重ねることによってその「間柄」は変化しつづけていくものではないかと「現地点での」筆者は考えている。そのように考えていくと、先にも述べたが、いわゆるこれが唯一絶対の、客観的解釈というものは、はじめから「風景構成法」に用意されているのではなく「いま、この時点での心理臨床家としての私の理解」がそこにあるだけではないのだろうか。

この「理解する」ということについて臨床哲学の立場から鷲田清一は、以下のように論じている[14]。

> 理解するとは、合意とか合一といった到達点を目指すものではなく、わからないままに身をさらしあう果てのないプロセスなのではないかと思えてくる。一致よりも不一致、伝達よりも伝達不能、それを思い知ることこそが、理解においては重要な意味を持つ、と。そういう苦い過程を踏んだあとでこそ、「あのときはわからなかったけど、いまだったらわかる」ということも起こるのではないだろうか。そういう出来事が起こることが大事なのであって、その場でわかるかわからないかはたいしたことではない。理解はつねに時間的な出来事でもあるのだ。

「わからないままに身をさらしあう」ことは、ある種、割り切れない不安定なこころの状態に人をいざなう。だからわれわれ心理臨床家はときに、クライエントを手っ取り早く診断や解釈という「枠」に入れたくなってしまうのかも知れない。「知った」ことにしたいのである。また、わからないものをわからぬまま抱え続けることは、鷲田の指摘するように、ときに苦しい道程をともなう。現代では科学の力が強大なので、こころの専門家としての心理臨床家にたいしても何らかの速やかな「解決策」を求められることも多い。筆者とてもちろん自身の介入によってできれば早く――正確にはそのクライエントの「とき」に応じてという表現になろうか――病いがよくなれば、それに越したことはないと思う。けれども、あくまで筆者は『わかるものだけでなく、わからないものにたいしても開かれている」という姿勢を大切にしたいと考えている。それは、いのちやこころという目に見えない、近代科学の知の枠組みに入りきらないものと対峙していくうえでのひとつのあり方だと思うからだ。

長くこころの病いとともに生きてこられ、その間さまざまなクリニックを受診した経歴をもつクライエントの方が「私の病気っていったい何なのですか。行く先々で、いろいろ診断名はついてきました。本も読んで、自分なりに調べたりもしました。お薬も飲み続けて、以前と比べると病気はよくはなってきています。でも、私には自分の病気が何なのかわからないのです」と、筆者に向かって真剣に問いかけられてきたことがあった。筆者はこのとき、このクライエントの語りをこれからももち続けようと思った。もちろん、診断名がつくことによってクライエントや周りが安心感を得ることも大いにあるし、医師の場合、診断にもとづいて投薬というひとつの有効な手段を用いることができる。しかし、それでも「病気が何なのか」「なぜわたしにそれが生じているのか」ということはほんとうには誰もわからない。

それでも、筆者が心理臨床家としてこころの病いに関与しているのは、もしかしてこういうことかも知れない。あるとき、病いがその方にもたらされた。その原因について心理療法を生業としている以上、ある一定の診断や解釈や見立てを行ないながら臨床活動を行なっているのだが、一方では、やはり病いのもつ「わからなさ」というものも自分は同時に大切にしたい、そういう願いにも似た気持ちがどこかにあって、それが自身を動かしている、と。そして「わかっていること」と「わからないこと」を同じぐらい尊重した世界に身を置いてものごとを見るとき、「わからないこと」への敗北感は退き、「いのちの営みがもつ不思議さ」や「いのちにたいしての畏敬の念」というものが、筆者の内にはおのずから湧き上がってくるのである。木村敏は「患者は生きているから、生きなければならないから、病気になるのである。病気とは、生きていることのこの上なくすぐれた一つの表現形態なのだ」と述べているが[15]、病いも「いのち」のひとつの表現形であるとすれば、病いにかかわることは「いのち」そのものにかかわることではないだろうか。

筆者の考える「全人的活動」をとおして人間を「知る」ということは、何も完璧にいろいろなことがわかりきった人間のみが為しうることではなく、そのときそのときでいろいろ見立てはするが、それを絶対的なものとして振りかざすのではなく、その地点でわからないことがあることにも自身を開き、さまざまな「いのち」との出会いを重ねて、人間に関与し続けていく行為と言えるだろうか。

先に紹介した、家族で試行錯誤を重ねながら十五年間、合鴨農法を実践している古野隆雄は、「いのち」と「いのち」の出会いを「命ふれあい[16]」と名づけ、「いのちとふれ合うことで、いのちは見えてくるようになってくる」と語っている[17]。

もし、そうであるならこれからも「いのち」とのふれ合いを重ねることで、「いのち」はさまざまな在りようをわれわれに見せてくれるのだろう。旅はまだまだ続いていきそうだ。

おわりに

筆者は、今もなお、あの風景のなかを生きている。

この原稿はしばらくのときをかけて、少しずつ加筆修正しながら書いたものである。その間「命ふれあい」は筆者の元にさまざまにやって来て、それに後押しされるようにしてこのような原稿ができあがった。少々論に偏りが見られるところもあるが、筆者にとって追い風となるできごとが重なったゆえのこととご容赦願いたい。もし数年後、数十年後、いや数百年後、この文章を読むことができたなら、どう感じるのであろうか。その頃には

「風景構成法」は、「心理療法」はどのようになっているのだろうか。それぞれの「命ふれあい」によってその在りようはまた違ったものになっているかも知れない。そんなはるか遠くからわれわれ心理臨床家の仕事について考えてみるのも、ときには悪くないと思うのだが、はたして皆さんはどうであろうか。

なお、現在でも、筆者は心理アセスメントの業務を行なっているが、今回の執筆にも記したように、少しずつ自身の心理アセスメントへのスタンスに変化が生じてきたため、主治医とその用い方や結果の伝え方について話し合う機会をもつことがあった。そして主として病態水準などを見る場合など、診断的要素の強い依頼目的の際は、所要時間はかかるがロールシャッハ法を用いるようにし、治療的雰囲気も交えながら内的状況をみていく要素の強いときは「風景構成法」を用いてみる、というふうに実施することが最近では多くなってきている。アセスメントの結果については、主治医への説明では専門用語も使うが、できるだけクライエントの内的体験に即したかたちでのことばの表現ができないかと模索している段階である。主治医には、筆者の心理アセスメントにたいする考えにも耳を傾けてもらい、ある一定の理解を示してもらったことに感謝している。立場は異なっても対話ができるという関係を主治医との間でもつことができていることも、いわゆるひとり職場の筆者にとっては、臨床活動を続けていくうえで大きな支えである。主治医を含め、ほかの医療従事者との「命ふれあい」も、今後ますます重要になってくるに違いない。

4　追補　風景構成法――ふたたび

この原稿を書き上げた後に、筆者はふたたび皆藤氏のもとで風景を描いた。本来ならば、このときの「風景構成法体験」も、先の原稿に織り込んで書くべきものかも知れないが、今回の場合、筆者としては自分自身がその折々に経験したことを時系列にそのまま記す方が、鷲田清一の言う「理解はつねに時間的な出来事である[18]」という体験知の在り方に添うように思い、しっくり来る感じがするので追補という形で記させていただくこととした。

皆藤氏のもとで風景構成法を体験してから、約一年余りのときが経過していた。この間、筆者の勤務先の病院は統合合併のため、新たに地域の拠点病院となって、夏には新天地での再出発が始まった。診療科も大幅に増え、それにともなって、心療内科から紹介される個人面接だけでなく、チーム医療体制のなかで「心理士」の立場から参加を求められる機会も多くなり、さまざまな業種のスタッフとのかかわりも多くなった。その後しばらくかなり多忙な日々が続いたが、年越しを迎える頃になって、ようやく仕事やプライベートでも落ち着きを取り戻し、何か次に向かっての節目に来ているようなので、こういうときにはそれがどんな風景になって現われるのか知りたいと思い、ふたたび皆藤氏に依頼し、風景構成法を行なうこととなった。

面接室では、冷え切った身体が温まるまでという感じで近況についてしばらく話す。そのときに富士山の裾野の広がりの美しさに最近あらためて気づき、「富士山」というのは「自分」のあり方のひとつの理想イメージである、というような話をする。氏からは、少し前に自分が行なった講義のなかで「わたし」「関係性」「関係」ということについて「富士山」というのが「わたし」であるというような話をしたということを聴いたと思う。このような会話の後に、風景構成法に入った。

描画中の体験

①川

真ん中やや右手だが、奥の風景に徐々に溶け込んでいくような川が思い浮かぶ。雪解け水のような清流で、水音が聞こえてくるような澄んだ川。川の上部はもう少し細くしてもう少し奥行き感を出して風景に消えていくようにしたかった。

②山

直前まで富士山の話をしていたので、富士山のことも思いつつ、けれどももう少し女性的な柔らかな感じで裾野が美しく広がった山を思い浮かべる。いくつかの山の稜線の連なりも描く。

③田

裾野から降りてきて、ちょうど平地との間に人の手によって整地されたものが、連なっている感じ。

④道

画面に平行に描く。地平線の代わりのような感じ。

⑤家

奥のほう、山の麓の集落。田んぼを耕している人たちが住んでいる。川を挟んで三と二に分けて描く。この配置はまったく感覚的なもの。

⑥木

左側の集落の両側と、右側の集落に桜の木をイメージして描く。晩秋、葉はもう少しだけしか残っていない冬枯れの桜をイメージしたので、枝と数枚の葉を描く。毎朝駅で見ている桜の木があってそれを思い出しながら描く。

⑦人

山に向かって大きく深呼吸している女性をイメージして立ち姿を描く。山に向かって深呼吸することで、山と繋がっていくという感じ（山との関係性）。両手をどういうポーズにするか、描く力がなくて困ったが、結局そのまま下に下ろして描いた。後は、田んぼで働く人を描きたかったので、男女の夫婦を描く。これも帰り道でよく畑仕事をしている初老の夫婦の姿と重なる。男性には鍬を持たせたが、女性と一緒にどこか餅つきをしているようにも見えるな、と思って描く。

⑧花

人物の近く、画面の手前に一列に並べて描く。描いているときは、いくつ描こうとかあまり考えていなかったが、左が五本で、右が十二本になっていて、それらの数はなんとなく自分の今の気持ちにピッタリくる本数だったなと後で思う。

⑨生き物

正面の民家には、前回の風景構成法で描いた黄色い小鳥を描く。前は、風景の中の自己像と同じ側にいたが、今回は遠くにいて、手前の風景の中の女性と交信している感じ。次に自分のすぐそばに大きめの白い犬を描く。飼い犬。一応散歩にきたという設定で、鎖をつけた。昔は考えられなかったが、こうしたパートナーになるような犬を飼ってみたいと思うようになった。そういう動物のもつ野性の面をもっと自分に取り入れたいのかなと思う。あとは、川の中に錦鯉を二匹描く。前回の魚がとても貧弱だったように思って、今回は思い切って大きいのを描く。二匹を交互にしたのは、「タオ」のような陰陽のマークのイメージと重なったからだ。川はずっと山のほうに繋がっている。最後に蛙を描く。これも前回の風景構成法にいた蛙。でもその蛙はバイバイ、と風景の中の女性に手を振っているように見える。

⑩石

石碑かお墓か何かで集落に積まれているもの。それと自分の足元にいくつかと川の中にごく少し。

⑪付加

とくに覚えていないが、彩色段階で空を塗っているときに雲を白く三つほど付け足した。

【彩色】〈風景構成法②（図5－2、口絵4）〉

山から塗る。真緑よりももう少しはんなりした色合いを出したくて混色した。田んぼなどはすきっとした黄緑を塗る。北海道の丘に広がっているようなトラクターで整地されたような田んぼをイメージする。川は清流にし

図5-2　風景構成法②

たかったので、後で少し濃いめの青を足した。風景の人物の下半身は、花の朱色からとった色。上半身は黄色でこれは自分のラッキーカラーだといわれてきた色。花を塗っていたとき、朱と黄色の組み合わせでもよかったなと思ったので花のイメージから服の色をとってきた感じ。最後のほうで、今度は服の朱色を山にも少し塗る。山を彩色しているうちに紅葉のイメージが湧いてきたのと、洋服と同じ色を山にも付けたかったからかも知れない。

描画後のやりとり

後姿の女性を見て、皆藤氏から「これは自分ですか」という質問があり、「そうです」と迷いなく答えた。描いているときには、そこまで強く自分だと意識化して描いていたわけではなかったが、あらためて一番それが自分に近いなと思う。そこの視点からこの風景を体験している感じがするからだ。そして山に向かって深呼吸をしていること、それで山とコミットしているというようなことを話す。また初老の田んぼにいる夫婦も、「餅つき」をしているようにも自分には見えていて、それも一種、「呼吸を合わす」ことにつながる感じがして「呼吸あわせ」ということがテーマになっているようにも思う、と話す。これは描いているうちに布置されてきたイメージだった。氏の「これからこの女性はどうするの?」という問いには、「白い犬とじゃれて遊ぶ」と応える。「それから?」という問いには「その後は……山に行くと思います」と応える。山に行くということについては、いつかはそうしたいが、その前にまず風景全体を引いたところから見て、そして引いたところから「呼吸合わせ」をしていく必要が自分にはある感じがしている、というようなことを話した。

また氏からはこの静的な風景のなかではこの「川」というのが「生命線」であるということを言われ、自分自身も、風景のなかの自分と山を繋いでいくのはこの川だろうなという感じがする。ただ、この川はまだ十分風景のなかに収まっておらず、あともう少し後ろに引いたところから、もっと風景全体に溶け込むように川を描きたかったという気持ちがあり、思うように描ききれていないと話す。川には大きな鯉が二匹いて、氏はこれに驚いたという印象をおっしゃった。自分としてはこの鯉はタオのイメージであることを伝える。氏からは、ここから津和野の鯉を連想したことが語られ、津和野でも、観光客の少ない山の辺りには森林太郎(森鴎外)の墓があり、そこの住職に寺の案内をしてもらったという体験が話された。それは誰もが体験できるものではないらしく、たまたま住職さんの返事をただじっと待ってみたことから実現したことのようで、住職さんは稀にしか案内されないということだった。それはある意味で「山に受け入れられる」という類の体験であろう。こうした出会いの妙は、もしかすると自分がいくら自我的に努力を重ねてがんばっていっても、果たしてそこでほんとうに受け入れられるかどうか、門が開くかどうかはわからないことのように思えた。自分もあせらずその時機を待ちたい、そんな気持ちになった。

氏からは「なんとも不思議な趣がある絵ですね」「色彩の効果もあるし。色彩で人物に惹き付けられるようになっている」「あまりに静的なのは、うつの状態に見られるけれども……この川は大事やね」というようなコメントがあったと思う。うつという言葉を受けて、自分としても仕事が一段落して、実は最近はかなり眠気が強くて全体的には落ち着いているが逆に少しゆっくりしたペースになっていることを伝えた。ただ、自分にとっては、階段の踊り場のようなもので、次に行くためにはこういう時期も大切な気がしていること、もうすぐ年末年始の休みにも入るのでしっかり休めるときは休んでもいいかなと思っている、というようなことを話した。

氏からは、今回はできるだけ描画中は自分の気配を消す感じで後ろに引いた感じで見ていたが、それについては何か感じることはありましたかという質問があった。もしそれが絵に現われているとしたら、蛙が別れを告げるように手を振っているところだけれども、それはまた別の存在、たとえば白い犬になって現われているように感じる、と筆者は伝えた（ただ、このときは気づかなかったが、後から振り返ると、今回の風景全体が引いた感じの構図になっているとも言える）。全体としては、前回は切迫感をともなって描いていたのが、今回は随分落ち着いて描けたような感があった。筆者は何事にもすぐ力が入ってしまう性質なので、人前で楽に描けるようになったことは、自身にとって進歩だと思った。日常の対人場面での緊張が和らいできていて、この辺りは以前と変わってきたところだなと思う。「川」と「道」の格闘は、ひとまず道を地平線のように見立てることでこの回にはそれほど生じなかった。川と道が未だ分かたれず、「水路」のように一体化していて、山へと続く「川」が「道」でもあるようだ。

二度の風景構成法体験を終えて

自明のことではあると思うが、一度目に氏のもとで描いた風景と、二度目に描いたものはまったく異なる風景で、やはり「あのとき、あの場で」描いたものは自身にとっては「一度きり」の、「一期一会」のものだったんだ、ということをあらためて認識することができた。そして筆者にとってはこのどちらの風景も自分自身に非常に身近なものとして感じられている。それぞれを振り返ってみると一枚目の風景は、屋久島から戻ってきた直後に描いたということもあるからかも知れないが、山々が下から盛り上がるように描かれ、地平からわずかに浮き上がっていて、別の空間のようにも見える。田んぼもかなり土に凹凸感があって、色合いからしても全体的にどこか「混沌とした」雰囲気を感じさせる。

二枚目の風景ではこれらのアイテムはかなり変化をみせている。田んぼの方は、ずいぶんカルチャライズされた印象だが、このときは「田んぼ」をしっかり描き上げるというよりも、空間を埋めるために少し手を抜いて描いたような感じで、やや平板になった。それにたいして山は大地にようやく根を下ろして、大きく裾野を開いているように見える。実は、最近になって筆者の内では、この山のなだらかな裾野がいつしか大地に繋がっていく様をどこか思い浮かべながら、面接の場に座っていることが多い。そのようなイメージをもって座っていると、自身も落ち着いてクライエントの前にいることができ、余分なことばを発してしまうことなく、クライエントの流れにそのまま沿って聴ける機会が増えてきたように思う。そういう意味で、筆者の内にはたしかにあの「山」が存在している。

また、一枚目と二枚目で、共通に登場したのは「黄色い鳥」と「蛙」であった。二つとも「生き物」であったが、とくに「黄色い鳥」は導き手のような存在とも言えようか。この鳥は、それぞれの風景内の左と右、近景と遠景というだけでなく、一枚目と二枚目の風景の間さえも自由に行き来しているような、そんな気がする。

今回の二度に渡る「風景構成法体験」をとおして、「描くことそのもの」や「描いていくプロセス」それ自体が描き手に気づきを促し、自身との対話を促進させていくものなのだということを再三にわたって知った。これまでは「描かれたものをどうみるか」というようなことや「描いてもらったのだから専門家として、何か気の効いたコメントをしなければ」という気負いがあったが、こちらの思う以上に、クライエントによっては多くのことを描くことをとおしてすでに感じ取っていると思われた。またおのおののアイテムを描いていると、たとえばこれはあの人のことかも知れないとか、あのことかな、あのときの、あそこのことかなとか、いろいろな想いがよぎってくる。

筆者は今回、自身が描いているときに感じていたことを、語れる範囲でできるだけことばにして実験的に書いてみたが、面接の場ではクライエントが詳細にこうした内的体験を語られる機会は少ないだろう。けれど、たとえクライエントが多くを語られなくとも、今回の体験をとおして描き手の内に「語られなくともうごめいているもの」が確実に存在しているという感触を得たように思う。そしてそれは描かれた描線ひとつひとつに染み渡っている。クライエントの描線のふとした留まり、迷い、ためらい、詳細さ、丁寧さ、慎重さ等、一線一線の息遣いのようなものに、それは見て取れよう。

いま一度筆者の描いた一枚目の風景構成法を見てみると、道の描線を左から順に辿っていくと川の辺りまで来て、線が一旦止まっているのがわかるだろう。ここには筆者の戸惑い、格闘した姿が込められている。このわずかな描線の「ためらい」は、筆者の在りようそのものであり、クライエントの描画に現われるものとなんら代わりはないものである。

このようにしてクライエントから差し出された風景を眺めていこうとする心理臨床家の姿勢というのは、非常に「微細な」領域に属するものであると思われる。とくに筆者の場合は、クライエントの立場になって身体ごと面接空間に自分を投げ入れて風景構成法を体験したことで、こうした「微細で」センシティブな感覚に開かれていった感がある。それによって筆者の「内なるクライエント」が目覚め、活性化された。「内なるクライエント」のもつある種の傷つきやすさや陰影のようなものがそうした「微細な」感覚を呼び起こしたのかも知れない。

今回、心理臨床家である自分の描いた風景構成法を公開するにあたっては、迷いや抵抗がなかったわけではない。多くのこころの専門家の目に触れ、曝されることは恐怖ですらある。それは自身も含めてこころの専門家がときにその「病理性」や「未熟性」をどれだけ暴いていくかを知っているからであり、往々にしてわれわれ専門家とはそういうことを生業として行なっているということを知っているからだ。けれども一方で、そうした見方は「ある限られた知の枠組みからみたもの」であり、心理臨床家以前に「ひとりの人」として生きる「わたしの真実」というものとは異なるものであるということも、筆者は体験をとおして知っている。だからそちらに賭けたのだ。

「病っていったい何なのですか」というクライエントたちの真摯な問いに絡め取られながら、ようやく「病もいのちのひとつの表現形態[19]」という「ことば」に行き着いたが、その「ことば」と筆者とのほんとうの出会いは、みずからの「内なるクライエント」の語りに耳を澄ますことから始まったように思う。その声はこの世界に生きようとするなかで病み、傷ついたものたちの声であるが、同時に柔らかさや、繊細さ、こまやかさとも通じるベクトル上にあるもののように思う。

こうしたある種の「微細」な感覚を大切にしながら「風景構成法」にそっと光を当ててみるとき、心理臨床家の前に差し出されたひとつの風景は、「風景構成法」という「技法」を越えて、人がこれまで世界との関連のなかで生きた、そしてそれは今も生きており、これからも生きようとしている――「いのち」そのものの情景となって浮かび上がってくる。そこには、過去・現在・未来も含めた「いのち」があり、「今、ここにすべてがある――筆者はそれを〈存在〉と呼んでいるのだが」というふうにさえ感じることがあるのだが、この感覚は非常に個人的で主観的な体験様式にもとづくものである。けれども、かといって漠として曖昧なものではなく、たしかにその手応えを感じる、そういう類の体験である。

以上、ここまで「全人的活動」をとおして人間を「知る[20]」ということを模索している一心理臨床家の歩みを記してみた。記しているうちに、そのようにして人間を知ろうとすればするほど、心理臨床家が語る「ことば」そのものも変わってくるに違いないということに気づいた。それはクライエントとわれわれが共有できる「ことば」であり、彼らとともに語り合える、そんな「ことば」であると思う。

最後に、この区切りのない「問い」をもたらしてくれた多くの出会い、そして布置に感謝しつつ、ひとまずここで本章を終えたい。

第六章

あるうつの青年との心理療法のプロセスのなかで風景構成法を用いた事例

坂田浩之

はじめに

この心理療法のプロセスは、筆者が日頃から抱き続け答えを模索してきた「みずからの心理療法のなかに、風景構成法をどのように位置づけていったらよいのか」という問いにたいして、ひとつの納得のいく手応えを筆者にもたらしてくれたものである。

それまで筆者のなかで風景構成法は心理査定の道具というイメージが強く、心理療法においても初回面接でクライエントの病態水準と心理的な問題（課題）を把握するために行なうものという感覚があった。そして、その必要性も知識として知っていた。しかし、一方でそのような位置づけで行なう風景構成法が自分の心理臨床におけるクライエントとの関係性のプロセスのなかで有効に働いているとは思えないという感覚もあった。それは、筆者の不勉強と未熟さによって、風景構成法から得られる情報を充分に汲み取ることができないことから生じているということはもちろんありつつも、それだけでは済まされない基本的な問題を含んでいるように思われた。

たとえば、「この絵から何がわかりますか」とクライエントに問われたら何と答えられるだろう。「あなたの病態水準は……」、とか「あなたの心理的な問題（課題）は……」とは筆者には言えないように感じられた。また、心理療法は関係性を基盤に展開していくものなのに、早い時期に相手の多くを客観的に知ろうとすること、そして知ってしまうことによって、かえってセラピストがその後の関係性のプロセスにコミットしていくことを妨げることがあるのではないだろうか。しかし、このような疑問を抱き、納得できていなかったからといって筆者は風景構成法をまったく拒絶していたわけではなく、風景構成法を実施、あるいは目にしていくなかで、風景構成法が、相手の内面の生々しさを優しく包み、その人の病理より可能性の方を強く見せてくれるところがあるのを感じ、どことなく自分が風景構成法を好きなのを感じていた。だからこそ、なんとか自分の心理療法のプロセスのなかに風景構成法を自然に位置づけることができないかと模索していたのである。そんななかで出会ったのがこのプロセスである。

今回、このプロセスを振り返ることであらためて、関係性の場で何が起こっていたのか、風景構成法は心理療法のプロセスのなかにどのように収まり、どのように機能していたのかを検討してみたい。

1　事例の概要

［クライエント］　Aさん。二十代男性。大学院生。

［家族］　二十歳前後に弟、母と続けて病気のため死別している。その後父が海外勤務となり、父とも離れて暮らしている。

［現症歴］　高校の頃から、周囲と比較して自分の至らない部分を意識するようになり、自信をもてなくなった。その頃から憂うつな気分とおっくう感に悩まされるようになった。これが「甘え」によるものか「疲労」によるものか確かめたくて、最近になって精神科を受診。精神科医による診察と投薬を受ける。ほかに不眠（就眠障害

と早朝覚醒）と便秘もみられ、診断はうつ病。主治医の依頼によって、初診の約三か月後より筆者（以降「セラピスト」と表記）との面接を始めることになる。心理療法と並行して、精神科医の診察と投薬も継続して受ける。

2　面接の経過

［初回面接］

外見は、長身、色白で、端正な顔立ちをしていて、全体的に清潔な感じがした。落ち着いた、冷静な人という第一印象を抱いた。セラピストとの面接を受けるに至るいきさつを尋ねると、聴き取れないほどの低い声で話す。「不安なんです。自分には価値がないんじゃないか。……これまで失敗ばかりしている。……今の大学院（Z大）には外部から入ったが、自分だけ周りの人と違って劣っているように感じられ、コミュニケーションが取れない。……劣等感は高校で落ちこぼれてからずっとあるけど、どんどん強くなる一方。高校の頃の友達は、いまでは一流企業に就職して働いている人が多い。自分はこの歳にもなって地に足がつかずふらふらしている。専門の研究も興味のある人にはとても価値のあることなんだろうけど、いまの自分には価値が感じられない。……こんなつまらないことばっかり話して……情けない……でも、こんなこと話せる人もいない。下宿では、部屋の隅で膝を抱えてうずくまっている。生きてる価値ないんじゃないか」（セラピストは何も言えずにいたが、思わず首を横に振る）。「この先どうしていったらいいかわからない。闇のなかにどっぷりつかっている感じ」。セラピストが「話しながら整理していくなかで見えてくるものがあると思う」と継続の面接を提案すると、応諾する。週一回の面接で契約。セラピストは、この面接が、Aさんにとって、自分の価値観を見直し、ひどく傷ついたセルフ・エスティーム（自尊感情）を立て直す場になっていけたらと思う。

以下、四期に区切って面接経過を報告する。

第一期　過去を整理し、自分なりにアクションを起こす時期

【第二回】

「中学までは成績がよく、活発で、生徒会の役員もしていた。しかし、入った高校が地元で有数の進学校で、周りはできる人ばかりで、そのなかにいることに耐えられなくて、自分から心を閉ざしていった。勉強も急にわからなくなって、あとは坂道を転げ落ちるようにして、落ちこぼれていった。大学受験では受ける大学すべて不合格で、二浪してようやく三流のX大学に入った。自分の大学の名前を高校の友達に言えなかった。大学に入ったときは、挫折感で一杯だった。いま専攻している学問は、大学に入って最初に受けた講義のテーマだった。もう二度と落ちこぼれたくないと思って、必死で勉強した。大学では誰とも口をきかず、授業のあとは、閉館まで図書館にいた。大学院に入ったのは、勉強が好きだからというよりは、もう二浪しているし、三流の大学だし、就職はむずかしいだろうという方が大きい。……最初は在籍していたX大学の大学院に入った。そこの先生（B先生）を尊敬していて、ずっとこの先生についていきたいと思っていたが、B先生の方は親身に指導してくれず、挙げ句に『面倒見切れないから出ていってくれ』と言われた。そこで、ある先生（C先生）を慕ってY大学院に入り直すことを考え、院試を受けたが不合格。一年間C先生のゼミにもぐらせてもらったが、結局C先生にも嫌われてしまった。次の年に、受かる見込みはなかったけど、これで受からなかったら学問を諦めようと一か八かでZ大学院を受けたら、たまたま運良く受かった。合格した当初は嬉しかったけど、高校に入ったときと同じように、次第に周りの人の頭の良さに圧倒されて、劣等感が積み重なっていった。……われわれの分野では、研究室の担当教員と指導教員は別で、院生はそれぞれ別の大学の先生に指導を受けて研究している。自分の研究領域で著名な先生が近辺に割とたくさんいるので、積極的に学会発表して、自分の考えをそういった先生の前で述べて、これだと思う先生に指導教員になってもらえばいいんだけど、自信がなく、有名な先生の前に出ると頭が

まっ白になってしまって何も言えなくなってしまう」。

［第三・四回］

「理想像は、頭脳明晰で、業績もどんどん作って、他の人とコミュニケーションが積極的にとれるというものなのに、現実の自分はみじめ。そうできない自分を受け入れて、堅実に少しずつステップアップすることを考えたらいいのに、いつも借金をギャンブルで返そうとするかのように、次での一発逆転を狙ってしまう。……人から認められたい、信頼されたいという気持ちは人一倍強いのに、現実の自分は人から信頼されないダメな人間。家族からも信頼されていない。母親や弟の病名を父や親戚は知っていたのに、僕には誰も教えてくれなかった。結局病名を知ったのは、死亡診断書を見て。これがまだ自分が幼かったらわからないでもないけど、弟や母が亡くなったのは二十歳頃のこと。自分ではもう大人でそれなりに信頼されていると思っていたのに、そうじゃなくて役に立たないと見られていると思ってショックだった。……高校のとき、友達はひとりもいなかったけど、家に帰ると母と弟がいて、楽しかった。母と弟の前では、感情をぶちまけることができた。思いっきり笑ったり、ふざけたり、怒ったり。母と弟が亡くなってからは、そういう相手がいなくなってしまって、そのことも辛いです。感情がなくなってしまったような。……でも考えてみると、自分は弟のこと好きだったけど、弟は自分のこと、それほど好きではなかったかも知れない。自分が話しかけるのは迷惑だと思っていたかも知れない。弟は頭も良くて、スポーツもできて、友達もたくさんいて、女の子にもモてた。自分と正反対だった。母も弟の方がかわいいと思っていたんじゃないだろうか」。

［第五・六回］

「他人への依頼心が強い。自分のことは自分で考えて決められるのが理想なのに、できないので、自分を責めてしまう。論文のテーマを決めたり、文献を探したりといったことを自分でしたらいいのに、つい指導教員に教えてもらいたいと甘える気持ちが出てくる。……孤独感が強くて耐え難い。人とフランクに話がしたいけど、できない。人から冗談で言われたちょっとしたことが気になって、その人から距離を取ってしまう。いまはどこに行ってもひとりぼっちという感じ。消えてなくなりたいと感じることがある。人づきあいがうまくならないままここまで来てしまったことを後悔している。自分の主張が言えず、人に言われるままの自分も嫌いです」。

【第七・八回】

第六回までと同じ話の繰り返しで、口調も単調で、セラピストは一生懸命話を聴こうとするが眠気を覚える。「消えてなくなりたい」ということを繰り返し言う。セラピストからよく見る夢・気になる夢があるかと尋ねると、「母と弟の夢をよく見る。【母と弟が生きていて、自然な感じで話している】」と夢を語る。

【第九回】

「自分の能力の限界を痛感している。研究室の先生（D先生）から言われることに過敏に反応してしまう。もっとたくさん業績を作らなきゃだめだとプレッシャーをかけられているように感じて。自分のこれまでの業績も価値がないと思えてしまう。逃げ出したいけど、どこに逃げたらいいかわからない。この先どうやって生きていったらいいかわからない。楽になりたい、消えてなくなりたい、もう一度やり直したいとよく思う。このままではいつか自殺してしまうかも知れない」。

【第十〜十二回】

「自分の能力を過信していたところがある。大学に入ってこの学問に出会ったとき、自分に向いているものを見つけた感じがして嬉しかった。指導教員にも認められ、これだけきちんとした卒論は、入学始まって以来とさえ言われた。それで自分は外に出ても通用すると思い込んで、おごっていたと思う。でも実際は、かなわなかった。……周りの対人関係も、ちょっと気に入らないことがあると無視したり、小学生並。……いまの大学院で、競争の激しさと対人関係の複雑さ・幼稚さに疲れ果ててしまった。いいかげんこの道を諦めて別の道に進んだ方がいいんじゃないかと思い始めた。……いままで自分がやってきた勉強は、社会の役に立たないし、就職にも繋がらない。いまの自分は、一歩大学の外の社会に出たら何もできないただの役立たず。……この一年間は病院に通いながら、いまの学問を今後も続けて行くべきか、まったく別の道で社会に出るか決めたいと思う。人生の岐路に立っている感じがする。……社会に出て自立したい、一人前になりたいという気持ちは前から強かった。これまではこのままいったら学者として社会に出ていけると思っていた。でもいまは、いまのままではいつになっても社会に出られないと思う。……父ももうすぐ定年だし、自立して、父を支えられるようになりたい。自分は長男なのに、いつまでも経済的に自立していないということにも後ろめたさを感じる。……でも一方で、いまの学問で成り上がりたいという気持ち、挫折したくないという気持ちもあって葛藤している。そういったことを考えることに多大なエネルギーを吸い取られて、ほかに何もする気になれない」。口調はシニカルだが、しっかりとした芯のようなものが感じられた。

〔第十三回〕

「少し心の整理ができてきたし、今後やりたいと思えることも少し見えてきた。資格を取ることも考えている。孤独感が強く、社会との繋がりを求める気持ちが強い」。

〔第十四回〕

「D先生は思いつきで行動する人で、急な仕事を人に押しつけたり、決まっていた発表が急に取りやめになったり、振り回されて、ストレスが溜まり、我慢の限界に来ている。損をするのはいつも自分。D先生にはほとほと愛想がつきた。憎しみさえ覚える。かといって、大学を辞めて何か別のことをしようにも、自分には何の取り柄もないし、現実は厳しいと思う」。

〔第十五・十六回〕

「積極的に人とかかわるよう行動してみた。人の顔色ばかりうかがって振り回されて苦しかったこともあったけれど、自分の思い込みで相手を誤解していたことに気づいて嬉しかったこともあった。孤独感が少し和らぎ、人から悪意をもたれているという感じも薄れて、気持ちが少し明るくなった感じがする。一〜三月（二〜四か月前の頃）は勉強がまったく手に着かなかったが、最近少しできるようになってきた。自分の気持ちの整理がついてきた感じもあるし、今後は少しずつ行動してみようと思う。ひとりで下宿に閉じこもって考えるより、行動した方がネガティブな考えにとらわれないような感じがする」。

第十五回にAさんから面接を隔週にしたいと申し出があり、以後面接を隔週にする。セラピストが「面接を隔週にしたいというのは」と尋ねると、「毎週その週にあった出来事を振り返っていると、そのときネガティブな考えにとらわれていると悪い方に突き詰めていって落ち込んでしまうが、もう少し時間をおいてから振り返ってみた方が、同じことをそれほど悪い出来事でもないと思えることに気がついた」とのこと。セラピストは、このAさんの試みを応援しつつも、Aさんが心理療法で行なっていくことはまだ途中であるとも感じていた。

【第十七〜二十一回】

「劣等感が強い一方で、自己愛が強く、自分の挫折や失敗が受け入れられず、現実の自分の姿から目を逸らして、理想の自分にしがみつき、ますます現実が見えなくなっている。……緊張感やストレスが一日中続いている。大きな仕事をするにはある程度の緊張感の持続が必要だけど、いまの自分は、常に脅かされ、心に重荷がのしかかっている感じ。……近頃はどうして自分ばかりがこんな苦しくて、寂しい人生を送らなければならないのかということばかり考えている。もっと普通のありきたりの幸福が感じられる人生を送りたかった。……自分がいてもいなくても何も変わらないんじゃないかとよく思う。自分の存在価値の手応えを与えるものがない。親や兄弟や友達、小さくとも確実な結果といったものがそういうものになるはずなんだけど、自分にはない」。

「父親は？」と尋ねると、「父は静かで、感情的になっているところや、愚痴をこぼすところ見たことがない。母や弟が亡くなったときも、静かだった。それは立派だと思う半面何を考えているのかわからない。本音で語り合える雰囲気ではない。……消えてしまいたいと思う。いてもいなくてもどっちでも同じような感じで存在感がないのだったらいなくてもいいかという感じ。……以前は、担当教員や周りの人の不満を述べることで、問題のありかを自分から逸らしてきたけど、いまは問題のすべては自分のなかにあると思うようになってきた。自分が自分であるということがどうしようもなく辛い。……甘えているようだけど、誰かに助けて欲しい。誰かにすがりたいと思う」。

第十九回の後、セラピストの提案で、面接を毎週に戻す。

【第二十二回】

「自分がこれまでやってきたことに何の価値も感じられないから、これから自分がやろうとすることにも自信がもてない。論文を書いていても、賞賛はおろか、批判もない。だから自分がしていることが正しいのか間違っているのかもわからない。人とのコミュニケーションが欠けている。自分の研究テーマはやっている人が少ない。同じテーマを共有するたくさんの仲間に囲まれて研究している人がうらやましい。挫折が怖い。ようやく前の挫折から立ち直ってきたのに、いままた挫折したら今度は、立ち直れないと思う。……誰か導いてくれる人が欲しい」。

【第二十三・二十四回】

「自分は、ぐうたらでだらしない。主体性とか自発性が欠落している。……自分のやっている学問、本当は好きではないのかもしれない。やってて楽しいと思ったことがない。……無気力でやる気がなく、ダラダラと日々を過ごしている一方で、そういう自分が許せない。厳格できっちりしたい自分と、諦めていいてやっても無駄だと思っている自分とが対立している。心のなかで葛藤していてそれで疲れてしまう。そんな自分も情けない。感情を一切消してしまって、機械的に淡々と日々やるべきことができたらと思う。でも無理ですね（無表情なAさんには珍しく、フッと口元を緩める）。これまでずっとそう思ってきたけど変わらない。一度でいいから、葛藤でもなく、機械的でもなく、夢中になって没頭するような体験をしてみたい。……幼稚で子どもっぽい意見なので、言うのも恥ずかしいけど、勉強がつまらない。助言者がいて、自分の背中をポンと叩いてくれたり、興味をもたせたりしてくれれば少しは違うと思うけど、いまはひとりでやっている感じで、一歩踏み出すのが怖い。この一歩がとんでもなく間違った方向に行くのではと思って。でもこんな甘えた考え、恥ずかしくて人に言えない」。少しだが、Aさんにこれまでにない表情や感情の動きが感じられた。

【第二十五〜二十七回】

心なしか顔色は良い。しかし、話し方は単調で、セラピストは久しぶりに眠気を覚える。「自分の怠惰な性格によって、人間関係や信頼関係を傷つけている。自分が他人の信頼を裏切っているのに、それを教員や同僚など他人のせいにしていた。問題はすべて自分にある。自分の努力が持続しないために、周囲から要求されるレベルに追いつかなくて、他の人においてきぼりにされるという不安が出る。そうなるとその不安が焦りを呼び、いっそう勉強を手に着かなくさせる。……劣等感が強くなってくると、やっても自分には無理だと思って、やる気がなくなる。……努力できない自分が嫌い。うつも、自分の自己嫌悪に由来していると思う。……自分のやるべきことは、少しずつでも仕事量を増やして、昨日より今日はこれだけできたという手応えによって、自信をつけていくことじゃないかと思う。そうすれば教員や同僚の信頼も得られる。……性格的に完璧主義のところがあるのかもしれない。自分が間違えることを恥ずかしい、情けないと思ってしまう。わからなかったら先生に訊いたらいいのに、そうすることが恥ずかしい、情けないと思ってしまう。自分が間違うことが許せないのだと思う。自分の能力以上のことをして賞賛されたいという気持ちがある。だから能力以上のことができないと情けない、不甲斐ないと自己嫌悪に陥ってしまう」。

【第二十八回】

「このごろは、またこんな自分……という感じで、自分にうんざりして疲れ切ってしまっている。怠惰な自分から抜け出せず、その間にいろいろなものを失っていきそう。いままで、怠惰な自分を隠して、表面的に取り繕って人と接してきたが、怠惰なところを見せてしまったら、人からの信頼を失うような気がする。追いつめられている感じがして苦しい。今日は話がまとまらなくてうまく言えないです」。セラピストも、なぜか今回は、Aさんの否定的な思い込みを崩そうと、少し厳しく問いつめる感じになってしまう。

その後、キャンセル等で三回休みとなる。

【第二十九回】

「最近やる気が起こらず、予習もできなくて、授業を休むことが多い。そうやって休んでいると、先生の信頼を失うのではないかと不安になる。……性格変えたいと思うが、なかなか変わらずもどかしい……僕は立ち直れるでしょうか」とAさんが問うてくるので、「できると思う。でも、立ち直るってどういうこと？」とセラピストが応じると、「最善の策は、怠惰な自分を克服して、コツコツと勉強して、自分が理想像に近づくことだと思う」と。「それは大事なことだと思う。ただ、なかなか変わらずにもどかしいというのも事実だと思う。だから最善の策はそれとして、ほかの解決のあり方を探るのも大切ではないかと思う」とセラピストは伝える。「僕はひとつの方向に向いたら、これしかないとそれにこだわって、ほかが見えなくなってしまうところがあるのかもしれない。いま自分ができると思うのは、少しでもできる範囲で勉強していくこと、その一方で、自分の理想像が自分を厳しく追い立てるので、この厳しい理想像の押しつけを弱めて、現実の自分を受け入れていけたら楽になるのではないかと思う」。

その後、キャンセルで二回休みとなる。

【第三十回】

風邪気味なのか、少し咳き込む。顔にアレルギーか赤く腫れているところがあり、目も充血している。「最近、大学院を辞めることを考えている。信頼関係を維持しようと、そのことばかり考えてやってきたけど、そうやってしんどくなるまで気を遣う相手なのかと疑問に思うようになってきた。疲れ果ててしまった。もう限界です。死にたいと思うこともある。そこまで自分が我慢して相手に合わせる必要ないと思うようになった。これから自分はどうなっていくのか。救われたい。助けて欲しい」。セラピストは、この面接の場を大切にしていきたいと伝える。

その後、キャンセルで二回休みとなる。

【第三十一回】

鼻をぐずぐずいわせている。「いまは、このまま学問を続けていこうと思っている。そのためにできることを淡々とやっていこうと思っている。……周りとは噛み合わない感じを抱いている」。

その後、年末年始を挟んでキャンセルが続き、五回休みとなる。

【第三十二回】

顔を紅潮させ、少し目が潤んでいて、見た目に風邪っぽい。太ったのか、顔がふっくらした感じになっている。「最近寂しくてたまらない。近頃よく母や弟の夢を見る。【母や弟とたわいもない会話をしたり、言い争ったり】。そういう夢を見たあとはいっそう寂しさが募る。自分の孤独にふと気がつくと、寂しさに心を支配されて、仕事に集中できなくなる。酒を飲んで心をマヒさせて紛らわすこともある。でも、酔いから覚めればまた元の状態に戻ってしまう。この寂しさを何とかしたい」。

その後、七回のキャンセルがある。この頃セラピストはキャンセルの多さに苛立ちを覚える。セラピストはその感情の背後に、自己愛の傷つきを感じ、Aさんに同種の傷つきがないかと思いやる。Aさんが、信頼を失うのではないかとおびえつつも、セラピストが自分を真に受け入れているのかどうかを試しているようにも感じられ、気長にやっていこうと考える。

【第三十三回】

見るからに太っており、これまでとの印象の違いにセラピストがびっくりするほど。「休学することに決めた。すごく迷ったが、いまの状態ではとても周りのペースについていけないので、ペースを落として自分を立て直そうと思って休学することにした。担当教員に休学願いをもって相談に行ったら、『頭のおかしな奴はいらん』という感じで無視された。担当教員と自分との関係はこんなにも薄っぺらなものだったのかと愕然とした。それ以来、人と会うのが怖くなった。周りの人が自分に悪意を抱いているように感じられて、人間関係から引きこもっている。これまでの人間関係が崩壊した。自分から人とかかわりをもちたいという気持ちがまったく起こらない。誰を、何を信じていったらいいのかわからない。何を基盤にして立て直していったらいいかわからない。……どんどん落ちていく感じがあって、必死にもがいている感じ」。

この回、Aさんは面接の曜日変更を希望されたが、セラピストはそのことに、Aさんの面接への積極性を感じ、曜日変更を応諾している。

第二期　風景構成法を導入し、別の世界・プロセスと繋がっていく時期

【第三十四回】〈風景構成法①（図6-1、口絵7）〉

前回に比べ、少し体が引き締まって、元の体型に近づいた印象を受ける。「以前より自信がなく、人から悪意をもたれているように感じてしまう。前は楽しく会話できた人でも、『こんないやみを言う人だったかな』と思えて、そんな風に感じてしまう自分が嫌だ」。

沈黙が続く。そのうち、セラピストの視界が回りはじめ、目眩を感じる。手詰まり感とAさんの心の自然が

図6-1　風景構成法①

Aさんを癒やしてくれたらという祈りに近い気持ちから、無性に風景構成法を導入したくなり、提案。描いてもらうと、意外にもしっかりした絵を描かれたこと、色鉛筆とクレヨンを出したところあえてクレヨンを用いてしっかりと彩色されたこと、月のある夜の風景を描き、個性的な世界が垣間見られたことに、Aさんの力を感じ、セラピストは励まされる。
「どんなイメージで描かれました？」とセラピストが尋ねると、「夜で、これ（人）が自分で、山を眺めている。山は高い。家はもっと本当は小さく遠くに見える感じ」と。セラピストには、描かれた夜の世界がAさんの住んでいる世界のように感じられ、Aさんにとっての夜のイメージを知りたくなり、尋ねてみると、「全体的に薄ぼんやりとしか見えない」と応える。また、セラピストには、人よりむしろ犬の方が、Aさんのあり方を象徴しているように感じられ、描かれた犬のイメージを聴くと、「飼い犬。主人に忠実な犬」と応える。

【第三十五・三十六回】

「自信がなく、自分で自分が信頼できない……自分の存在を消してしまいたいと思う……自分にたいしても人にたいしても不信感があるのは辛い。……イライラして心が落ち着かない。自分は動こうにも動けない精神状態なのに、それを理解せず、自分のことを怠け者のように思う周りの人に怒りや、憎悪の念すら覚える。そして思うにままならない自分にたいしても腹が立つ。……心のなかに黒い渦のようなものが、内に向かっても外に向かってもぐるぐると渦巻いていて、心が定まらない感じ。……悔しい気持ちが出てきました。周りの人にたいしても、自分にたいしても……悔しいです」。

【第三十七回】

「主治医から『休む力がない』と言われた。たしかに自分は休むときには休んで、やる時にやってということができない。やる気がないのに動かずにはいられなくて、結局、思うように動けない。休むのに罪悪感がある。罪悪感というより不安感。休んだら競争に遅れる、負けるのが怖い。本当は遅れても、負けてもいいのに……わかっているけどなかなか心の底から思えない。根強い劣等感がある。その劣等感から休むという決断ができない」。

その後、次回直前キャンセルがあり、セラピストはふたたび苛立ちを覚える。相手の希望に応じようと努力したのに、期待に応えてもらえないことへの傷つきからくる怒りとやるせなさのように思われる。これはAさんが周りの人にたいして感じている感情に近いものなのだろうと思われた。

【第三十八回】〈風景構成法②（図6－2、口絵6）〉

「休む習慣をつけてから楽になった」。

風景構成法を提案すると、すんなり応じる。Aさんとの間に、このタイミングで風景構成法を行なうという暗黙の合意、あるいは間合いができあがっている感覚があった。Aさんは四十分くらいかけて、ていねいに描かれる。とくに河原の石は、ひとつひとつ辛抱強く描かれる。付加アイテムでは、花の辺りに線を引き、河原の領域と花の領域に分ける。彩色は下の方から順に塗っていく。セラピストはAさんの粘り強さに感嘆する。

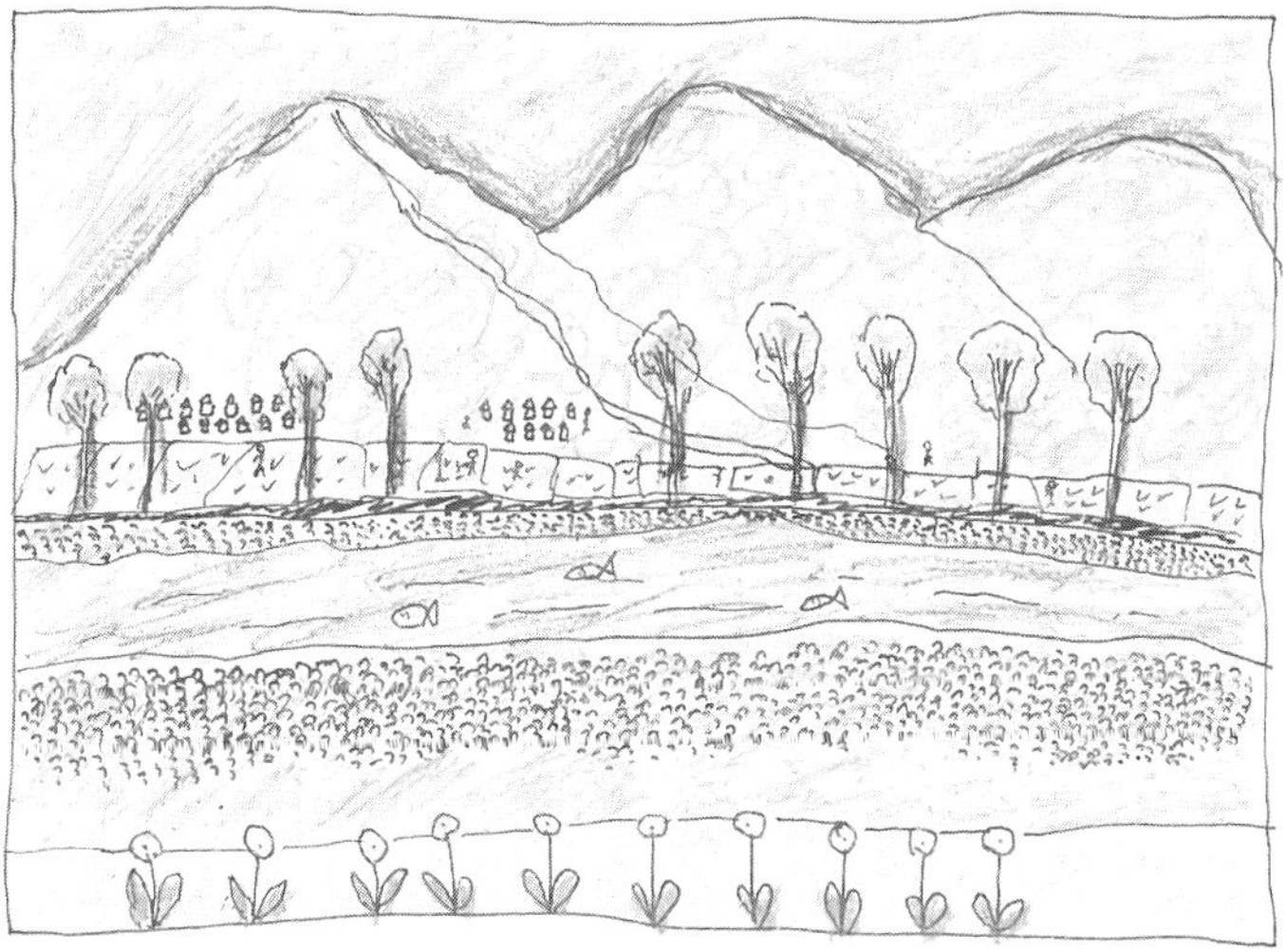

図6-2　風景構成法②

「どんなイメージで描かれました?」と尋ねると、「こちら（下側）が高台で丘のようになっていて、高台を下りていくと河原になっている。山が遠くに水色にかすんで見える」と。「とくにこういうふうに描いたというものは?」「家は遠くに小さく見えているように描いた」「描かれてみてどうでした?」「自分は高台に立って、遠くの山を見ている感じ」。

【第三十九回】

幾分血色がいいように感じる。「何かやってみたいという気持ちが出てきた。……小さなものからでいいから目標を立てて、それが達成できたら、少しずつ大きな目標に近づいていきたい。その目標をここで立てて、次の週にできたかチェックして欲しい。……甘えているかもしれないけど、ひとりでやってもやる気が湧かないし、ここで坂田さんと一緒に決めた目標だったら、やる気が出るのではないかと思って。最終的には自分でやらないといけないことですが」。Aさんの目標を書き出してもらう。「いまは規則正しい生活とは言えない。〈机の前に決まった時間に座る〉という目標を軸にして自分の生活のペースを組み立てていきさ

図6-3　風景構成法③

たい。……三、四年前は、それこそ寝食を忘れて勉強していた。対人関係も良かったし、何よりも自信があった。あの頃に戻りたい」。

〔第四十回〕〈風景構成法③（図6－3）〉

また少し顔が引き締まった印象。「前回の目標の達成率は五割くらい。だから、もうしばらくこの目標でやっていこうと思います。……夜は勉強できるけど、昼間はボーっとしていて、なかなか机の前に座れず、座ってもたばこをふかしているだけという感じで」。

場が続けて話をする感じではなかったので、風景構成法を行なう。今回もひとつひとつのアイテムを時間をかけてじっくり描いていく。構図の取り方に慣れてきた感じ。田を横一列に画面を横切るように描いた後、さらにもう一列田を描く。その後、道を描いてもらうと、どのように描こうかしばらく迷ってから、川に橋を架ける。家は遠くに点々と。木は、前回同様大きなしっかりとした木を描く。少し枝分かれも見られる。人は道の上と、田に描かれる（はっきりと人がいるという描き方）。石は自然な感じで河原に。付加アイテムでは雲を描き、風景に潤いが感じられる。彩色は、木の茶色から塗り始める。山はやはり水色。

「どんな風景をイメージしましたか?」と尋ねると、「やはり遠くに山が青く見える。家や田んぼも遠くに見える」とのこと。

【第四十一回】

「最近は、外からのストレスがたまってうつになって、そのせいで動けないのではなくて、自分が生来的に怠け者なだけなのではないかという疑念が湧いてきた。小さい頃から何をやっても長続きしなかったし。……カウンセリングの場で目標を立ててやっていこうと思ったのも、坂田さんとの約束という外部からの拘束によって、自分の生来的な怠け癖を少しでも修正できるのではという気持ちから。……できたら目標を立てるときに、坂田さんからの提案も入れたい。私が言ったことを復唱してくれるだけでもいいんです」。Aさんが言われることをセラピストが復唱して、確認しながら二人で目標を口頭で作っていく。「やるべきことはたくさんあって、何をしたらいいかわからないという状態ではない。始めさえすれば、やることは次から次へとある」。

【第四十二・四十三回】

やや日焼けした印象。「最近は生活のリズムが崩れている。うつが戻ってきて、調子が悪い。孤独感が強い。普通は家族の支えがあるが、僕にはない。胸襟を開いて何でも話せたり、バカなこと言って笑い合ったり、感情をさらけ出したりできるような相手がいない。母と弟は亡くなったし、父は僕の状態を知らないし、そもそも僕に関心がない。友達もいないし、もちろん彼女もいない」。

Aさんはセラピストとのメールでのやり取りを提案する。「メールは時間にしばられないし、話すよりも書く方が自分は得意だから」。セラピストが「面接時間外でのコミュニケーションはこの場のコミュニケーションの密度を落としてしまう気がして、面接外でのやりとりはしないことにしています。書く方が得意ならば、書いたものを持ってきてもらうとか、この場をAさんがやりやすいようにしていきたいとは思っています」と応じると、「作文みたいなものを持ってくるかもしれません」、と。

第三期　危機・転回期

【第四十四回】〈白紙の風景構成法（図6－4）〉

Aさんはいつもはセラピストの斜め前に座るのに、今回は戸惑いなくセラピストの真正面に座る。セラピストは黙ってAさんが語り出すのを待つが、いつもにも増して沈黙が長く続く。何か言いたいことがあるのだが思い切れないでいる、あるいは、うまく言葉にならないといった様子。セラピストはきっかけになるかもしれないし、言葉でない方がうまく表現できるのかもしれないと思い、描画に誘ってみると首肯する。

セラピストが画用紙に枠を描いて渡すと、ペンを持って構えるが、そのまま考え込むように動かない。しばらくして「今日はやっぱり描けそうもないので……」とペンを置く。セラピストが「今日は何か特別な感じがあるんですか」と尋ねると、しばらくしてようやく思い切ったように「カウンセリングをどう受けたらいいのかわからなくなって」と。「もともと個人的なことは親にも話さない。人間嫌いなんです。人はみんな自分がかわいくて、自分が頼っても面倒に思われるだけ。自分の人間嫌いは直す必要はない。ただ淡々と自分の仕事ができたらいい」。

【第四十五回】

「先週はイライラして気が立っていたために失礼なことを言ってすみません。……頭が良くて、人とのコミュニケーションが上手な人になりたかった。他人がうらやましくてたまらない。ずっと前からそうだった」。

【第四十六回】

「主治医に認知療法を薦められたが、できればカウンセリングの時間にやって欲しい」と言い出す。セラピストが認知療法は経験が乏しいこと、認知療法を専門にしているカウンセラーを紹介できること、本格的なことは

図6-4　白紙の風景構成法

無理だがAさんが本を読んで自分に良さそうなこと・やってみたいことがあれば一緒に取り組むことはできることを伝えると、「カウンセリングは坂田さんに続けて欲しいし、カウンセリングの進め方は坂田さんに一任します」と言う。「担当教員が変わることになった。今度の担当教員（E先生）は、新しく講師として入ってきた人。この人は、明るく、気さくだし、少し希望がもてるようになった」。

【第四十七回】

「カウンセリングの目標や、カウンセリングで何をしたらいいかよくわからない。……自分としては、規則正しいペースで、淡々と自分の仕事を進め、着実に業績を積んでいけば、それが自信にもなって、誰が投稿したとか、誰が留学したとかいう周囲の雑音に動揺させられずに済むようになるのではないかと思う」。セラピストは、「その目標に到達するにはどうしたらいいかを考えていくのがカウンセリングだが、ただそればかりでなく、それとは直接関係ないと思われること、普段は気にとめていないようなことに目を向けることで、目先や見方が変わってかえって本筋の答えが見出されることもある。カウンセリングで絵や夢を扱うのもその一環」と説明する。夢を見たら記録して持ってきて下さいと提案すると、Aさんは「いいかもしれません」と受諾。

【第四十八回】

顔が痩せて、以前の顔つきに戻った印象。「以前は勉強していて、思わぬ発見があったり、自分の考えが正しいことがわかったりすると、楽しいという感覚があったが、最近はあまり楽しみを感じない。……勉強をやりたいという衝動は強く感じるのだが、手足が思うように動かない。それが何とも言えずもどかしい。甘えていると言われればそうなのかもしれないが……」。

次回、Aさんが出張の帰りに乗った電車が大雨のため途中で動かなくなり、面接をキャンセルするというアクシデントがある。

【第四十九回】

「最近、衝撃的な夢を見た」。

夢①【亡くなった母が出てきて、母の胸ぐらを掴んで、「僕はエリートにはなれないんだ。周りの人はみんな僕を馬鹿にした目で見ている」と激昂して涙を流して訴えた】。

「夢を見た直後は、目覚めの悪い感じだったが、今話してみて、久しぶりに感情をぶちまけたという新鮮な感じもあります。……一度自分の心のなかをすっきりさせたいという願望はある」。

【第五十・五十一回】

ネックレスをしている。セラピストは、母親か誰かの形見かなと思うが、尋ねてみると宗教に関係したものだと言う。以降しばしば同じネックレスをしてくる。

「孤独を感じる。自分は周りの人に気を遣ってばかり。もっと感情を爆発させることのできる関係があればいいのだけど。せめて母と弟が生きていてくれたら。……この前久しぶりに研究室に顔を出したら、ほかの人達がみんなバリバリ仕事をしている感じで、自分はまだついていけない、まだ研究室に戻るのは無理だと思った。自分だけ取り残された感じがして孤立感を覚えた。うらやましいとか妬ましいとかいう感情があった。自分だって同じくらいはやれるはずなのに……という悔しい気持ちもある」。これまでになく「悔しい」という感情が表に出てきたのをセラピストは感じる。

【第五十二・五十三回】

「以前お世話になったC先生と顔を合わせる機会があり、自分ではC先生に嫌われたと思っていたがそうではなく、僕の存在を認めて、気にかけていてくれていたことがわかって嬉しかった（その後の話からC先生がAさんの指導教員になったようだ）。C先生からいくつか仕事を頼まれて、そういったことでは動けるのだが、中心となるべき、自分の研究になると、身動きがとれなくなってしまう。自分の勉強を進めたいという気持ちはあるのに、一歩踏み出せないのが歯がゆい。……自分の研究している学問は、石油を掘るのと似たようなところがある。掘っても何もなくて無駄に終わるかもしれないけど、掘り出さないと何も始まらない。その一歩が踏み出せない……何で自分はそんなに失敗を恐れているんだろう」。

その後、二度のキャンセルがある。

【第五十四回】

「自律神経にきてて、手や足が震えて、ペンが握れないほど。……近頃夢をたくさん見る。怖い夢や悪夢が多い」。

夢②【ダムが決壊して川の水があふれ、自分が昔住んでいた家ごと自分がのみ込まれる】。

夢③【遺跡のような高いところから落ちて、地面が見えてぶつかるというところで目が覚める】。

「目覚めの気分は良くない。……ストレスを溜め込んで、心のなかにギューッと圧縮している感じで、心が重い」

【第五十五回】

「自分にたいして親切にしてくれる人はいいけど、皮肉を言ったり、嘲ったりする人達は、僕の目の前からいなくなれと思う」。重い声で迫力があった。

【第五十六〜五十九回】

「状態に進展がないように思う。坂田さんは一生懸命親切にしてくれてると思うけど、カウンセリングにどういう効果があるのかわからない。カウンセリングを受けて自分がどうなりたいのかもわからない。……いまの精神状態を抜け出して、普通の生活を送りたいという気持ちの一方、うつの状態が長くて、慣れてきた感じもあって、いまの精神状態のままでもいいかという思いもある。小さい頃からずっと人間不信だし、生まれつきの自分なので、変えようがないとも思う」。話している口調や態度にAさんの静かな怒りを感じる。表面に出るのを懸命に抑えているが、奥では沸々と沸き返っているのが伝わってくる。すると次の回、「自分の心のなかをうまく表現できない。話したくないという気持ちがある。話したくないことというのは、いままで抑え込んできたプリミティブな感情だと思う。自分のなかに押し込めてきた怒りや、泣いたり、笑ったりといった感情が出てくるのが怖い気持ちもあるし、そういう感情の起伏のないいまの状態も結構いいのではと思う」と語る。「うつの状態の自分と、押し殺してきた感情的な自分とを繋いでいくのがカウンセリングの目標のひとつと考えられる」とセラピストは伝える。そして、セラピストは久しぶりに眠気を覚える。Aさんの面接への疑義にたいして対抗的に攻撃的・処罰的な態度にならないよう注意が必要だと感じる。

その後、キャンセル等で三回休みとなる。

【第六十回〜六十三回】

太り、顔がむくんだ感じになっている。「いついつまでにこれを仕上げるために、一日にこれだけのことをしようというノルマを設定するが、そうやって頑張ろうと意欲を出すと、おっくう感が来て体が動かない。すると焦りが来て、焦りから思う通りにできない自分を責めて自己嫌悪で落ち込み、一層おっくうになる、という悪循環。とりたててこれをしようと意気込まずに、やることないしヒマだから何かするか、という感じで勉強した方が、実際に体が動いて比較的集中が続いたりする。……もう一年休学することに決めた。親にたいして申し訳ないという気持ちや仲間達に遅れをとり、浮いてしまうことへの不安はあるが」。

年度末になり、Aさんは休学願いを提出。「担当教員が頼れるE先生に変わり、指導教員（C先生）とも連絡がついて、新たな方向性を示唆されて、心のなかに微かな希望の灯がともった感じがある。高校以来、春先になるとリズムやバランスが崩れて、急にしんどくなる感じがあって、そういう意味でのだるさ、眠さ、しんどさはある」。

その後、春休みを挟んで、四月からセラピストの都合で面接曜日・時間が変更（午前中）になる。Aさんも同意したものの、実際には朝起きられないので来室できず、四・五月と九週キャンセルが続く。結局、夕方以降の時間帯に面接時間を変更する。セラピストは次第にAさんの遅刻やキャンセルを許容する気持ちになっていき、会えるときにできるかぎりのことをしていこうというスタンスになっていく。

第四期　風景構成法を中心に穏やかな回復のプロセスが進んだ時期

【第六十四回】〈風景構成法④（図6－5、口絵7）〉

「少しずつ回復の途上にある感じがする。研究室にうつの経験者が多いということがわかり、関係が良好になった」。

図6-5　風景構成法④

久しぶりに風景構成法を提案すると、すんなり受諾し、描かれる。山を手前に描き近景が充実し、そこから向こうの風景が見えるという構図に、「一山越えた」という印象をセラピストは受ける。「どんな風景をイメージしました？」と問うと、「小高い丘の上に一本木が立ってて、家も建ってて、川や田んぼは丘の上から下に見える風景という感じ。以前は人は遠くに小さくという感じだったけど、今回のは自分が丘を登っているイメージで。そうなったらいいなという思いも込めて」と。生き物のアイテムで鳥が描かれたのが印象的だったので、「鳥はどんなイメージの動物？」と尋ねると、「自由な」とのこと。

【第六十五回】

「最近は一日中眠い。一日寝ているようなこともある。眠っている間は心地よい。最近うつになった要因など、過去のこと振り返ったりしている」。

【第六十六回】

「合理主義的に淡々と仕事をこなしたいが、抑えようとする感情が漏れ出てきて、それが苦しめる。自分に向かう感情に支配されてしまう。うまく感情とつき

図6-6　風景構成法⑤

合っていきたい」。

その後、夏休みを挟んで、セラピストとAさんの都合がなかなか合わず、四回の休みが入る。

【第六十七回】〈風景構成法⑤（図6－6）〉

「前は『これもできない、あれもできない』と感情に支配されている感じだったけど、最近は『これはできてないけど、あれはできている』と、もう少し自分のことを客観的に評価できるようになってきた。相変わらず人前に出るのは苦手だが、それは病気になる前から生来的な人見知りのためと冷静に受け止めている。……カウンセリングを終わりにすることを考えていきたい。専門家の意見を聞きたい」と申し出るので、「最終的にはAさんがカウンセリングなしでやっていくかどうか判断していくことだと思うが、その判断をつけるために話し合っていくことが、今後の面接のひとつの仕事だと思う。Aさんの感じを大切に」と伝える。「季節の変わり目がもうすぐ来るし、少し間隔を空けてカウンセリングを受けながら様子を見ようと思う」と。

風景構成法。川を描くときしばし迷われる。付加アイテムとして、釣り人を描き加える。描き終えると、「相変わらず下手ですが」と照れたように微笑む。色を塗ってもらうと、川と木を丁寧に塗る。「どんな風景をイメージして？」と尋ねると、「川が手前にあって、広い田園があって、遠くに山が見える。河原から見ている感じ。……もっと絵がうまかったら、犬とか鳥とかの動物を描きたかったけど、自信がなかった」と語る。

その後、キャンセル等で五回の休みが入る。その間、Aさんの申し出で、午前中の時間帯に曜日・時間を変更する。

【第六十八回】

「眠りすぎて困っている。うつがひどくなると過眠になりがち。季節の変わり目のせいかもしれない。ずっと眠気が続いて、起きていても頭がボーっとして眠くて、やりたいこと、特に本業の勉強ができない。用事をキャンセルすることも多いし、申し訳なく思っている。起きる時間、眠る時間もバラバラで、食事の時間もバラバラ。眠りの質が悪い。眠りが浅く、嫌な夢ばかりをいくつも見る。死んだ人と何度も会ったり、試験ができなかったり、勉強ができなくて落ちこぼれたり。週二回ぐらい行かなければならない場所（学校）に行けるようになりたい。でも学校に行くにはその前に予習して準備しておかなければいけない。それができない」。

その後、キャンセルを含め四回の休みが入る。

【第六十九回】〈風景構成法⑥（図6－7）〉

風景構成法の印象が強く残った回だった。「どんな風景のイメージ？」「山が遠く、あとはだだっ広い田んぼ、というか原野。のんびりこじんまりと住んでいる。家のそばには一本の大きな木がある」。彩色後にイメージに変化があったかどうかを尋ねると、「山は青く遠い。田は荒れ地で、土がむき出しになっている。鳥はカラス」

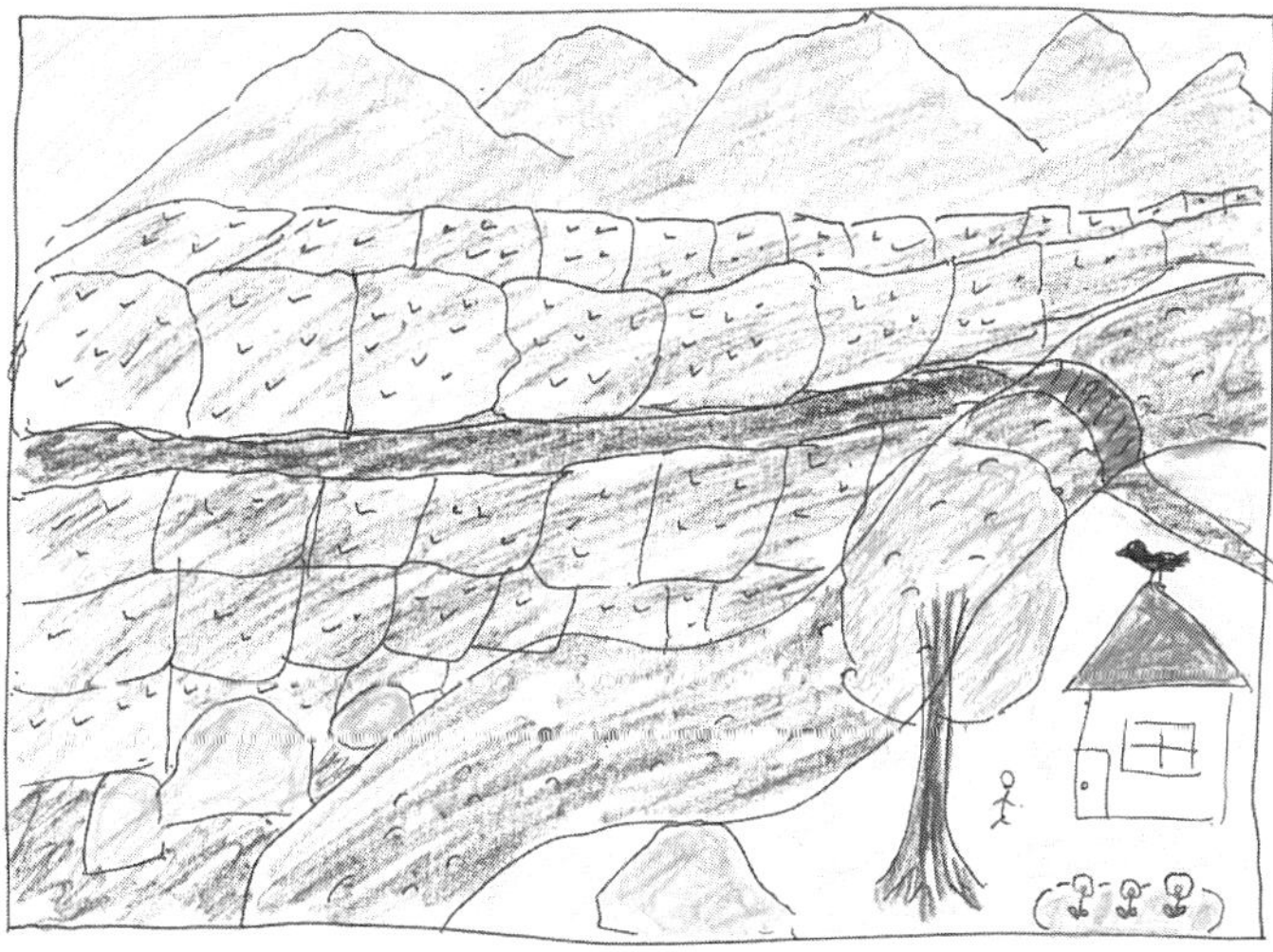

図6-7　風景構成法⑥

と。セラピストは、土に生命力を感じ、ここから豊かな芽吹きや実りが生じそうに思う。箱庭の砂を掘り起こすように、Aさんみずからの手でこの土を掘り起こしたようにも感じられた。

【第七十回】

「以前は布団に入ってから二時間眠れないということもあったけど、最近は眠剤に頼らなくても一時間以内に眠れる。寝ついたら二〜三時間で目が覚めるということもなく、五〜六時間はまとまって眠れる。午前中は起きられなくて、頭がボーっとしていることが多いが。いまは眠くなったら眠るという生活。睡眠状態が良くなったのは、うつから回復してきた結果だと思う。最近は仕事をする気力がある日もあるし、たとえ仕事のできない日でも、以前ならできなかったことをクヨクヨ考えていたけど、最近は『今日は寝よう』と眠ることに頭を切り替えることができるようになっている。いま心配なのは、うつのときに人とのかかわりを避けたために、これまで自分にたいして懇意にしてくれた人達との信頼関係が失われてしまったのではないかということ。うつのことを理解してくれる人もいれば、理解のない人もやはりいる。うつになって教訓を得たことも多いが、うつにならなかったらいま頃は……と残念に思う気持ちもある。少しずつ定期的に授業や会議に出たり、論文を書いたりして、信頼を取り戻していくしかないと思う。いまはリハビリをしているところと思っている。いまの学問を始めて十年くらいになるけど、もう一度学び始めた頃の気持ちになって、一から始め直したいと思っている。……カウンセリングを隔週にしたい。精神的に安定してきたのと、これからの目標も固まってきたのと、あと、ぶっちゃけた話、毎週だったら話すネタがない（笑）」。セラピストはこの申し出を受け、面接を隔週にする。

その後、キャンセルと年末年始のため五週間の間隔があく。

【第七十一回】

「最近は楽で、今日は相談することが思い浮かばない」と笑顔で話す。「あれもやりたい、これもやりたいという意欲が湧いてきている。いまの勉強を始めた頃のような新鮮な気持ちを取り戻したような感じがしています。このままの調子で少しずつ仕事をしていけたらと思う。……薬、年末に少し軽くしてもらった。これから少しずつ減らしていって、最終的には飲まないでやっていけたらと思う。……カウンセリング、三週間に一度くらいにして下さい。ただ、毎年二月の中頃から四月にかけてガクンと落ちるので、その頃は重点的にお願いします」。照れ笑いのような笑顔を何度も見せる。

【第七十二回】〈風景構成法⑦（図6‐8、口絵8）〉

定刻に来室される。「睡眠は安定して、六〜七時間は眠れている。調子の波があって、精神的なスタミナが切れてしまうこともあるが、『あれをやりたい、これをやりたい』という意欲はある。……性格的に悲観的になりやすいところがあるので、あまり考えがネガティブにならないように気をつけて、自分のその日の調子に合わせてぼちぼちやっていこうと思っている」。

図6-8　風景構成法⑦

風景構成法は夕方の風景を描く。「どんな風景をイメージして？」「近所の河原から繁華街の方を眺めたときの風景をイメージした」。実際にAさんが夕方に散歩するときに見える風景をモデルにしたらしく、セラピストはAさんが日常の世界に戻ってきたのかなと思う。

その後、キャンセル含め四週間の間隔があく。

【第七十三回】

「ここ最近、少しバタバタしていた。研究室の担当教員と面接し、復学願いを出して、四月から復学することになった。春先、毎年のように不安定になって、二月頃からちょっと睡眠が不安定だったりしたが、最近は落ち着いてきた。例年と比べても今年はだいぶ調子がいい。できることがあるから、かえって欲をかいてしまうところがある。無理をせず、焦らずを心がけながら、できるときにできることをしようと思っている。……一時期、孤独に押し潰されそうな時期があったが、いまはひとりで自分のペースで生活することを楽しめるようになってきた。いいことなのか悪いことなのかわからないけど」。

【第七十四回】

「四年ぶりぐらいに、普通に春を迎えることができている。授業に出られるようになって、少しずつ以前の感覚を取り戻してきている実感がある。まだ疲れやすいところはあって、以前のように寝食を忘れて集中して、ということは無理だが。あと、油断すると、すぐに昼夜逆転してしまうので、寝る時間が一定するように気をつけている。疲れて昼眠ってしまって、夜の眠りの質が落ちないように気をつけている。完全に安定しているというわけではないけど、客観的に自分の状態を把握できるようになって、調子の波に合わせて、自分をコントロールできるようになった。毎年五月頃に調子が上向きになるので楽しみ。……ぶっちゃけた話、カウンセリングで話すネタがなくなってきたこともあって、カウンセリングを卒業したい。以前のように恨みがましいことを言う気持ちもないし、研究室の人達とも話ができるようになってきたし」。セラピストはカウンセリングを定期から不定期にすることも可能と伝え、終結の方向で同意する。

【第七十五回】

定刻に来室。「四月から大学院に復学した。手続き上のつまづきがあったり、勉強の方も以前のような調子というわけにいかなかったりするが、少しずつやっていきたいと思っている。……しばらくぶりに大学院に戻って、環境が変わったり、研究室の人との人間関係や信頼関係が遠くなったように感じられるが、一方で、温かく迎えてくれる人や親切にしてくれる人もいて、それはありがたく思っている。この年になって再出発をすることになり、遅れた感はあるし、失ったものやなくしたものはあるけれど、少しずつやっていきたい。……人とコミュニケーションとることの大切さに気づいた。人と話をせず、ひとりで閉じこもって考えていても、解決に至ることは少なく、そんなとき人と一言二言でも会話を交わすことで、もつれた糸がときほぐれるようになることがわかった。とは言え、周囲の人はなかなかうつのことをわかってくれない。病気になった人でないとわからない。

まあ、結構周りにうつを経験したことのある人がいますが。……あと、自分を大切にしていきたい。うつのときは自分に存在価値がないと思ったりしたが、いまは自分を大切に思える。……今日で定期的にカウンセリングしてもらうのを終わりにしようと思います。坂田さんにはお世話になりました」。この回でセラピストとの面接を終結にする。

3 考察

筆者がAさんとの出会いによって学んだこと、いま現在この心理療法のプロセスを振り返り、まとめ直して気づいたことを中心に以下に考察する。

風景構成法を実施したタイミング

本事例では、風景構成法を実施するまでに三十三回の面接を経ている。これは筆者が、最初からは風景構成法の導入を意図していなかったことによるものである。はじめに述べたように、自分の心理療法のなかにいかに風景構成法を位置づけるかという疑問にたいして納得が得られず、描画を行なうことについて慎重な態度を取っていたからである。

第一期において、筆者はAさんとの面接のなかで、解釈したり話を整理したりすることはほとんどせず、ひたすら徹底的にAさんの語りを聴いていった。そんななか、第八回において筆者は眠気を感じている。これは、Aさんにたいして誠に申し訳ない話であるが、けっして不真面目な態度で聴いていたわけではなく、筆者なりに一生懸命に聴いていくなかで生じた事態である。おそらくはAさんの語りが、日常的な意識状態では充分なリアリティをつかめない体験世界に触れるもので、この語りを常識的・表面的にではなく真に心に響かせて聴くには聴き手の意識も相当に深めていかないといけないのに、まだ筆者の意識がその次元で目覚めていられるほどに練られていなかったのではないかと思われる。反対に、その後ときに眠気を感じる（第二十五回）ことはありつつも、次第に筆者がAさんとの面接で眠気を感じることがなくなっていったのは、筆者の意識がときに抵抗しつつも少しずつAさんの語りの次元になじんでいったことを物語っているように思われる。

一方、Aさんはみずから語るなかで、ひとまず心の整理をして、現実適応への試みを進め、面接を隔週にすることを提案することになる（第十五回）。しかし残念なことに、この試みは綻びが生じていく。まだ基礎がしっかりしていなかったのだと思われる。このとき筆者は、再度毎週の面接を提案し、Aさんも応じている（第十九回）。Aさんのなかでもどこかで、まだ面接の場に大きな何かを残していることに気づいていたのではないかと思われる。ただ、筆者にもAさんにもこの過程をどういう形で実現させていくかということについては具体像が描けていなかったように思われる。それが、風景構成法を導入するに至る危機的な状況を導いたと考えられる。

第二十八回において、Aさんはうまく話がまとまらなくなり、筆者もいつもと違って相手の思い込みを崩そうとするような態度で接している。これは、それまでの面接の場のあり方が機能しなくなってきたことを示しているのではないだろうか。その後、キャンセルが頻発する状況が生じ、筆者は焦りと苛立ちを覚えている。Aさんと筆者との関係性への信頼感が損なわれ、二人の心が離れていってしまう危機であったと思われる。第三十四回に、筆者は視界が回りはじめ、目眩を感じるという身体感覚の異変を感じ、その内からの促しに応じるように筆者は、風景構成法を導入することを決断している。場の危機の極まりを徹底的に実感し、場の変容を引き起こすには、筆者が身をもって体験することが必要だったのだと考えられる。なぜ風景構成法を選んだのかというと、このとき「人間が人間を治せないとき、自然が治してくれることがある」という河合隼雄のことばが想起されたことが影響していたと思われる。[1] Aさんと面接室を出て自然を体験することはできないが、せめてAさん自身の心の自然の働きを体験することが癒しに繋がってくれたらと思ったときに、その場で筆者がAさんに提供できるものとして思いついたのが唯一風景構成法だったのである。

そうして描いてもらった作品「風景構成法①」を見て、筆者は励まされる感じを抱いている。筆者にはAさんの風景がもっと無明で色のない乾いた感じのする枯れた無個性な世界であることも想像していたのだが、実際に描かれたのは、月が照らす色のある夜固有の魅力をもった世界であるように感じられたからである。Aさんの描画にたいする真摯な態度も、Aさんと筆者がこの面接の場でできることがまだあると筆者に感じさせた要因のひとつであろう。

キャンセルにたいする怒り

Aさんの描いた風景構成法に励まされ、この面接のプロセスにたいする信頼を新たにした筆者であったが、第三十七回の後のAさんのキャンセルにたいしてはふたたび苛立ちを覚えている。筆者が面接の場への信頼を確認し、Aさんも同じく信頼を確認したと思っていたから、期待を裏切られたように感じたのであるが、これはまさにAさんが周囲の人に期待を裏切られる体験と同種のものであったと考えられる。筆者がAさんの体験世界に降り立つには、このような激しい感情体験も必要だったのだと考えられる。また、うつの治療においては、休息と服薬が大切とされるが、一方で、心理療法は週一回の頻度で会わないと進展しないという思い込みが筆者のなかにあって、キャンセルされるのは困るという焦りであったように思われる。この点、筆者はAさんとの関係性のなかで、次第に、会っていなくても進行するプロセスがあることを実感できるようになるにつれ、キャンセルに動揺せずにAさんとの関係性の場の働きを信頼できるようになっていったと思われる。

風景構成法②以降の風景構成法と描画の拒否

風景構成法②以降は、筆者は違和感なく風景構成法を行なえている。最初に風景構成法を行なったときに、筆者にもAさんにもこれだけの表現ができ、これだけ感じ合うものがあるという実感があったからではないかと思われる。ただ、筆者も安易に毎回風景構成法を行なうのではなく、第三十八回のところに記したように、二人の間で風景構成法をする間のようなものがつかめて、それに従って風景構成法を行なっていったように思う。

その後、第四十回の風景構成法③では初めて川に橋が架かり、人が橋を渡っている。いままでAさんの心のなかで切り離されていた何かが繋がったように思われる。また、視点も高くなり、鳥瞰的な風景となっている。これは河合俊雄が述べるような、一度自分を極端な形で風景や対象から引き離すという強烈な否定の作用によって、対象に埋没していたところから自我主体を確立させる、イニシエーションに比すべきプロセスが起こったと考えることができる[2]。

しかし、続く第四十一回からAさんのうつは強まり、第四十四回では風景構成法を拒否し、カウンセリングのあり方に疑義を呈し始める。この回、筆者もいつもと違う様子のAさんに気がついていたが、あえて枠を描いた画用紙を差し出し、拒否され、白紙の風景構成法というメッセージを受け取ることになる。川に橋が架かり、川を渡るというのは、箱庭でも風景構成法でも肯定的な意味で注目されるポイントであるが（たとえば、カルフ[3]、河合隼雄[4]、山中康裕[5]）、橋が架かっていままで繋がっていなかった世界や自分の側面と繋がるということは、新たな可能性を開くとともに、本人にとっては見ないようにしていたものと直面する体験であり、心理的な負担が大きくなる局面であると考えられる。Aさんが描画を拒否したり、筆者との面接に疑義を示したりしたことは、そのことを筆者が的確に理解しているのかという確認であり、この先のプロセスを進めていくために、筆者のコミットメントと二人の関係性を鍛えておく作業であったと考えられる。

風景構成法と十牛図との関連

しかし、一方で、この白紙の風景構成法を心理療法全体の流れのなかで見るともうひとつの意味が考えられる。

第一　尋牛

第二　見跡

第三　見牛

第四　得牛

図6-9　十牛図（伝周文筆　室町時代　縦 32.0　長 181.5　円相径 14.0
紙本墨画淡彩　一巻　相国寺蔵）

第五　牧牛

第六　騎牛帰家

第七　忘牛存人

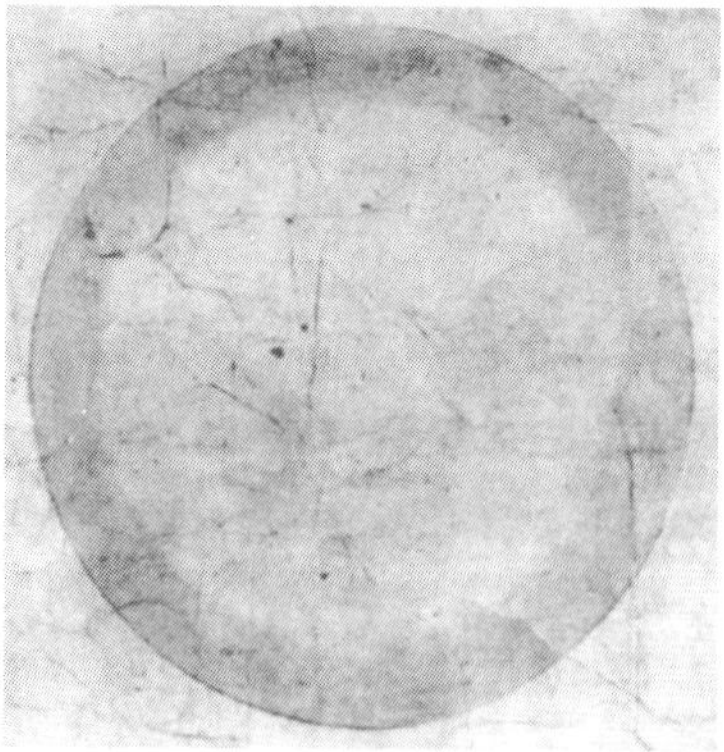

第八　人牛俱忘

図6-9　十牛図（つづき）

第九　返本還源

第十　入鄽垂手

それは、廓庵禅師によって作られた十牛図（図6－9）における第八図「人牛倶忘」に対応するものとして見る見方である。上田閑照[6]、河合隼雄[7]が指摘するように、十牛図は、自己実現の道程を示すものととらえることができる。牛は「真の自己」を表わし、牧人はその「真の自己」を求める自己というわけである。十牛図においては、牛を見失った牧人が牛を探し求め（「尋牛」）、見つけ（「見跡」「見牛」）、捕らえ（「得牛」）、繋がり（「牧牛」）、やがて牛と一体化（「騎牛帰家」「忘牛存人」）するプロセスが描かれた後、第八図「人牛倶忘」において、枠（円窓）のみの図となる。「一から七までの全過程は、ここで絶対否定され、一切のものを消し去った絶対無の境位となる。ここに七から八にかけて決定的な非連続の飛躍がある[8]」のである。十牛図になぞらえるならば、風景構成法③において、橋が架かり、人が橋を渡ることで川によってふたつに分裂された世界が繋がるプロセスは、十牛図の第四図「得牛」から第七図「忘牛存人」へと連なる、牧人と「真の自己」を象徴する牛とが繋がるプロセスと対比することができるのではないだろうか。そして、Ａさんが描画を拒否することで成立した白紙の風景構成法は、「人牛倶忘」において象徴化されるような、これまでのプロセスや分節化を絶対否定した体験世界にＡさんが飛躍したことを筆者に示すものであったのではないだろうか。

第四十七回で、Aさんのカウンセリングで何をしたらいいかわからないという疑義にたいし、筆者は夢を見たら持ってきてくださいと提案すると、Aさんも応じ、実際、第四十九回と第五十四回で夢を報告している。Aさんの内的な変化によって生じた動揺と不安にたいし、「このままこのプロセスを進みましょう」という二人の間での再確認がなされたと思われる。

大雨の後の第四十九回で、Aさんは涙を流して母親に感情をぶちまける夢（夢①）を報告し、次の回にAさんが帰依する宗教のペンダントをして現われる。これまでずっと抑えてきた亡き母親にたいする感情をぶちまけることで、母の死と母の期待に応えようとしてきた自分を諦め、別の形で母なるものと繋がることができたのではないかと考えられる。第五十四回に報告される、ダムが決壊して自分が昔住んでいた家ごと水に流される夢（夢②）や、落下して地面にぶつかりそうになる夢（夢③）も、これまでの存在の分節化を見直して、新たに世界との関係を結び直し、地に足をつけるプロセスが進んでいることを示しているように思われる。このプロセスの体験があったから、嫌われたと思っていたC先生とも新たなイメージの下に出会い直すことができた（第五十二回）のだと考えられる。また、第五十四回にAさんは手や足の震えを訴えているが、これはAさんに訪れた激震とも言える変容のプロセスが、身体の次元にも及んだことを示していると考えられる。

第五十六・五十七回で、再度カウンセリングの効果にたいする疑義がAさんから出される。これは自己の急激な変化に必然的にともなう戸惑いと怒りの表現であったのではないかと思われる。ここで筆者は再び眠気を覚えているが、今度は、Aさんとの面接を重ねるなかで筆者が降り立っていった、あるいはAさんとの間で共有されていった体験世界から、Aさんの語りが外れていくことに筆者の意識がついていけてなかった、あるいは筆者が抵抗してその世界に留まろうとしたことから生じたものかと思われる。また、Aさんが迷い、戸惑いつつも、これまでのカウンセリングのプロセスにたいして疑義を呈するという形で、プリミティブな感情を表に出してきているることにたいして、筆者が傷ついて対抗的・攻撃的な言動で押さえ込み、Aさんを指導的に操作することから守るために必要な眠気だったのかも知れないとも考えられる。

風景構成法の再開

このような激変のプロセスの後、しばしの筆者とAさんが会わない時期をはさんで、再会時に筆者は風景構成法を提案し、Aさんも応じている。面接のこの局面において風景構成法を行なうことが自然な出来事であるという問合いがあったのだと思われる。そうして描かれた作品「風景構成法④」は、これまでの描画とはまったく構図も視点も異なり、山（丘）が手前に描かれて、丘の上から丘の向こうの世界を望む構図になっており、筆者は「一山越えた」との印象を受けている。この描画から筆者には、廓庵の十牛図における第八図「人牛倶忘」から第九図「返本還源」に至る「絶後に再び蘇る」展開が連想される[9]（図6－9）。

また、山の向こうの田が水色で塗られているところから、夢②において川から溢れた水で浸かったAさんが昔住んでいた場所が連想され、夢②の後の世界を描いた絵であるようにも思われる。丘の上に一本の木が立っており、そこに道が向かっているが、「高みの場所に生えている木々は昔から聖なる場所を告知している」とのカルフの見解を考え合わせると[10]、Aさんの巡礼の旅がクライマックスを迎え、超越的なものと出会う体験世界が表現されたものと考えることもできる。この点、Aさんが宗教のネックレスをつけて来室するようになったこととの関連を思わせる。いずれにしても、転回と新たな始まりを感じさせる表現であるように思われる。

続く風景構成法⑤では、Aさんは河原に降り立っている。高いところから低いところに急に移るのは、夢③との繋がりを連想させる。また、構図としては、ふたたびふたつの世界が幅の広い川によって隔てられ、白紙の風景構成法以前の世界に戻った印象も与えるが、釣りをしている人がおり（筆者にはAさんのように思える）、水中の世界と陸上の世界というふたつの世界を垂直に繋いでいるので、単なる逆戻りではなく、元の世界と似ているけどそのなかに「絶対無」[11]の体験に比することのできる大きな変容のプロセスをくぐり抜けた体験が生きている世界であるように思われる。ある体験世界のなかにもうひとつの体験世界が入り込み息づいているというテーマは、風景構成法⑤以降では川の水以外で色が混じり合っている部分が見られるようになることにも、感じることができる。

風景構成法⑥では、山にも田にも混色が見られ、混色部分が広がっている。また、この描画を見たときに、筆者はAさんみずからの手で土を掘り起こしたかのように感じたのだが、このことは、Aさんが土の世界と繋がっている安定感のようなものが、醸し出されていたことを示しているのではないだろうか。三木アヤは、光元和憲・田中千穂子との対談のなかで、幼いときに母親に死なれたクライエントが登校時に地面に触らないと出て行けなかったエピソードに触れながら、土に触るということが、どこか深いところでは、母親に触れて初めて得られる安心感のようなものを与えてくれるというところまで響いていることがあると述べているが[12]、そういう体験をAさんが得たことを示すものではないかと考えられる。

風景構成法⑦では、Aさんが実際に身近に接している風景が描かれ、日常性に戻ってきたことを筆者に印象づける。今度は、釣り人のようなふたつの世界を繋ぐものもない。しかし、昼と夜の中間である夕方が描かれていることのなかに、風景構成法①で描かれた夜の世界、うつの世界も入ってきている。風景構成法①で描かれた犬が再登場していることによって、さらにその印象は強められる。うつから完全に解放されたわけではなく、その世界の傍らにいるけれども、そこに埋没するのでもないAさんのあり方を反映しているのではないかと考えられる。また、画面のほとんどが混色で塗られ、風景構成法④で描かれた鳥が再登場している。ここから、この一見、日常的な風景世界には、白紙の風景構成法から風景構成法④に至る転回期の体験世界も生きていると考えられる。

今回の心理療法のプロセスの体験を経て、Aさんは、このような中間的な世界を自分の居場所として生きていくことを決断したのではないかと思われる。

おわりに

本章では、あるうつの青年との心理療法のプロセスのなかで風景構成法を用いた事例について報告し、実際の面接の場と関係性のプロセスのなかで風景構成法がどのように生き、場を見出し、心理療法のプロセスに何をもたらしたのかについて辿ってみた。そのなかで、セラピストの内なる促しや関係性の手応え（間合い）に応じることが、風景構成法を心理療法において生かすうえで重要な手がかりであることが示唆された。また、描画作品を十牛図と照らし合わせることが、風景構成法を用いた心理療法のプロセスで生起していることを理解するうえで役に立つ場合があることが確認された。

最後に、発表の許可を下さり、筆者に心理療法家としての反省と学びの機会を与えてくれた、Aさんに心から感謝致します。

第七章
事例のなかの風景構成法

はじめに

本章は、第六章の事例のなかでクライエントと面接をともにしてきた心理臨床家の坂田浩之氏を風景構成法研究会に招いて、氏に事例を発表していただき討論したときの記録をもとに、わたしと坂田氏との対談を中心にまとめたものである。研究会では、二回にわたって計七時間あまりをかけて、まず氏の事例発表に先立ち、わたしから風景構成法についての最近の関心事について導入の意味を込めて語ることから始まり、氏の事例発表が質疑応答を交えてなされ、その後、事例にたいして多様な角度から討論がなされた。

事例の内容と考察については、すでに第六章で坂田氏によってなされているので、本章では風景構成法にかかわる領域に焦点を絞って、できるかぎり臨場感が残るように配慮して討論を掲載した。また、わたしの語りは第一〜三章の内容と重複するところもあるので、以降の討論に繋がる内容に絞って、文体も対談に沿うようにしてあらたにまとめ直してある。なお、研究会参加者の発言については、適宜「参加者A」などといった表現でまとめた。

1　風景構成法を見る位置

主観と風景構成法のリアライゼイション

それでは、まず風景構成法について最近わたしが関心を寄せていることについてお話ししたいと思います。風景構成法の実際は、おおむね次の三つのステージを経ていきます。すなわち、①風景を構成していくプロセス、②風景に彩色を施していくプロセス、③仕上がった作品を眺めていくプロセスです。そして、それぞれのステージによって、クライエントと心理臨床家の在りようと言いますか、「関係」[1]は異なってきます。①ではクライエントと心理臨床家のやりとりが基調となって進んでいきます。②では具体的なやりとりは背景に退き、クライエントの彩色の営みを心理臨床家がともにしながら、心理臨床にイメージが喚起されていくことになります。そして③では、クライエントと心理臨床家の対話が生まれていきます。

このようにみますと、風景構成法の実際プロセス全体に関係が生きていることがわかります。当たり前のようですが、この理解はきわめてたいせつです。それは、風景構成法の実際プロセス全体に心理臨床家としての「主観」[2]が関与していることを意味するからです。そして、ここからもたらされる心理臨床における重要なテーマがふたつあります。

ひとつは、心理臨床に生きる関係ということです。風景構成法の実際プロセスを、関係が生きる世界体験と捉えると、そこにはクライエントとの関係を心理臨床家がいかに引き受けるかという心理臨床の本質テーマを見て取ることができます。たとえば、「出会い」や「喪失」をいかに考えるかとか、「なぜわたしはこのクライエントに出会ったのか」「クライエントはなぜ自殺をしようとしたのか」など、かぎりがありません。心理臨床においては、関係のなかでクライエントと心理臨床家にかかわるあらゆる事態が展開します。そして、そのような世界体験をとおして風景構成法がリアライズすると言うことができると思います。このように風景構成法を捉えることが重要です。

いまひとつは、「心理臨床家としての〈わたし〉とは何者か」ということです。風景構成法の実際においては、「わたしとは何者か」ということが不可避のテーマになります。「わたし」という存在全体はいったい何なのだろうか……。ここから、「わたし」は心理臨床をどのように理解しているのかという、心理臨床の理解の背景をなす個々の思想が問われることになります。そしてさらには、「わたし」は何故に心理臨床家なのかという、個々の「生きる」思想が問われることになります。それは、風景構成法に引きつけて言えば、「わたしは風景構成法をいかに理解しようとするのか」というテーマになるでしょうか。

たとえば、風景構成法作品を理解しようとするとき、科学的方法論でもって作品に向き合おうとする姿勢を見ることがあります。投映法の伝統的な立場と言えるでしょう。そして多くの場合、そこに「主観」が関与することはありません。科学的方法論は「主観」を排除するところに特徴があるからです。これにたいし、わたしとクライエントとの関係において風景構成法がリアライズするという位置に立つとき、そこに不可避的に「主観」が関与する地平が開けてきます。どうも、わたしのこれまでの風景構成法研究は、基本的にこのスタンスをとっていたように思います。そこから、「風景の中の自己像[3]」「誘目性[4]」「プロセス分析[5]」「風景の中心[6]」「風景とのイメージ対話[7]」といった作品へのコミットが生まれてきたように思います。

この風景構成法のリアライゼイションという位置からみると、クライエントによって風景が描き加えられていく、つまりクライエントが風景を描き込んでいくという視点ではなく、風景構成法のプロセスそれ自体に着目するということになります。本来的には「出会い」、さらにはそれ以前から風景構成法のリアライゼイションは始まっているとわたしは考えているのですが、風景構成法の実際からすると、「枠づけ」からです。画用紙に枠がつけられて〈わたし[8]〉がリアライズされ、川がリアライズされ、山が、田が……リアライズされていくプロセスが展開されていく、そのように風景構成法がリアライズされていくわけです。

十牛図との関連

このような位置から風景構成法について思いを巡らせながら、あるとき、画用紙に枠をつけてそれをじっと眺めていました。じっと眺めていると、あるものが浮かんできました。それが十牛図の第八「人牛倶忘」です。[9]

十牛図について簡単に説明しておきますと、十牛図は、禅の道において人間の真実がリアライズされていくプロセスを、本来の自己を牛で象徴し、牛を探し求める人間を牧人（牛飼い）として描いた十枚の図版から成っているテクストです。

はじまりの第一「尋牛」は、自分自身を見失っていることに気づく、自分の本来の在り方はどうあるべきかと問い始めているところです。そして、牧人は牛を探し求めます。第二「見跡」では牛の足跡を見つけ、第三「見牛」では牛を見つける。第四「得牛」では牛を捕まえて手綱を付け、第五「牧牛」で牛を飼い慣らす。第六「騎牛帰家」では、とうとう牧人は牛の背に乗り笛を吹きながら家に帰ります。そうして、第七「忘牛存人」がやってきます。これは、牧人が牛と一体となった、すなわち牛のことを忘れて「ほんとうの自己」[10]になっている境位です。上田閑照は、「『ほんとうの自己』になったということがあるかぎり、そのような『ほんとうの自己』なるものは捨てられなければなりません。ここは禅が十牛図で示そうとする自己のあり方の急所です」[11]と述べていますが、どうやらこの第七から第八にかけてが十牛図にとってもっともたいせつなところのようです。第七から第八「人牛倶忘」第九「返本還源」第十「入鄽垂手」と連関していきますが、この第七から第八において「ほんとうの飛躍がある」[12]と言われています。どういうことかと言いますと、第八では牛も人も消えている。背景を成していた自然も家も月も一切が消えて円窓のみになっています。これをもって、第一から第七までの、人間になる、すなわち「ほんとうの自己」になるプロセスが完全に否定され無に帰している。そして、無から第九、第十の境位が新たに生まれてきます。これが「ほんとうの飛躍」と言われることとです。

上田閑照の語りで言えば、「第八／第九／第十は、……第七までのように段階的な歩みを示すものではなく、その三者が一組の連関をなして、それが真の〈ほんとうの自己〉を表すわけです。〈ほんとうの自己〉とは……〈死して蘇る〉自己です。第八で真に大死して、第九／第十と蘇るわけです[13]」ということになります。この第八から第十の連関についてはいまは立ち入らずに、第一から第八までに注目してみます。

まず非常に興味深いのは、十牛図の第一から第七までのプロセスがなければ第八の絶対無はリアライズされないということです。これが十牛図のおもしろいところだなあと感じます。本質は第八から第十の連関にあるにもかかわらず、第一から第七が不可欠である。無がリアライズされるためのプロセスと言ってもいいでしょうか。

この第一から第七のプロセスにも実はたいせつな変容のステージがあるとわたしは思っています。それは第五から第六への流れです。牧人が自身を見つめ直し牛を探して捕まえる第一から第五までは牧人をとおして世界がリアライズされるプロセスです。そうして牧人は牛すなわち本来の自己を捉える。けれども、第六では牧人は牛の背に揺られ牛に身を任せています。手綱を離して笛を吹いている。この第六は牛をとおして世界がリアライズされていると言えるでしょう。第一から第五とは異なり、牛に象徴される本来の自己をとおして世界がリアライズされているという点で、自我的な在りようすなわち分節化が外れていると考えられます。そうして、その牛が第七で牧人の内なる在りようとなり、「ほんとうの自己」がリアライズされます。これは、第八において「絶対無」に帰すべき「ほんとうの自己」です。このように、第一から第七においてリアライズされる世界は、段階的に「絶対無」という未分節化状態の方向に進んでいくと言うことができます。

十牛図の話が長くなりましたが、これを踏まえて風景構成法に戻ってみますと、枠づけされた画用紙は、わたしにはやはり画用紙と呼べるモノではあり得ないと思われます。そこには未だ分節化されていないあらゆるものが充満した「全」が在ると言えるのではないでしょうか。そうして、「川」から始まるアイテムをとおして、まったき在りようが少しずつ切断・分節化され風景世界がリアライズされていく。このようにみると、風景構成法のプロセスには十牛図の第一から第八のプロセスと反対の方向性があるのではないかと、わたしには思えてくるのです。第八「人牛俱忘」は「絶対無」であると言いましたが、それはまたあらゆるものを含んで在ると言えるのではないでしょうか。禅の門外漢が見当はずれなことを言っているのかも知れませんが、「絶対無」は「絶対全」であるという見方が可能なのではないかとわたしは思います。同じように、風景構成法において枠づけが成された段階は、何も描かれていないという意味での無であると同時に、そこにすべてがリアライズされているという意味で「全」であると言えるように思われます。ただここで重要なことは、風景構成法における枠は心理臨床家が描いたものだという真実です。心理臨床家のコミットがそこに生きている。この意味では、「絶対無」である十牛図の第八とは異なっています。この辺りは、風景構成法の枠が四角であるのにたいし、十牛図が円窓であるという形状の違いも含めてとても関心深いところです。ある心理臨床家と話していて、「丸枠はやはり、分節化ということを避けていく」というか「跳ね返す力をもっているなあ」という実感を語られたことがありました。丸く描いた枠をつけた用紙では、そこに描く、という自我的行為が生まれにくいのかもしれません。

風景構成法と十牛図の比較は何も興味本位ではなく、とてもたいせつな知恵をそこに見ることができます。風景構成法において枠づけが成された段階は、これから切断・分節化が生まれ世界がリアライズされていく直前の在りようであるとすると、クライエントが風景構成法を拒否するという事態はどのように考えられるでしょうか。坂田さんの事例にまったく同じ場面があります。これは、クライエントが自身の境位を現在の分節化段階に留まらせようとする決断であると同時に、心理臨床家との関係をとおして分節化されリアライズされる世界体験にはいまは与しませんという決断であると、わたしは考えています。

風景構成法の実際に起こっていること

ところで、これも最近考えていることなんですが、それは「われわれの内には、風景は風景としてすでにコンステレートされているんであって、アイテムにはアイテム間の繋がり合いがすでにあるんだ」ということです。「あるがまま」と言うか、「風景そのままに全体として生きる状態」ということです。もう少し具体的に言いますと、「何も風景、風景って言わなくても、われわれはそこに生きてるやないか」ってことです。鴨川べりを歩いているときに、何も「ああ、鴨川の風景のなかを歩いている」とか思わなくても、ま、そこにいるわけですよね。ですから、風景は「風景」として命名されなくてもそこに生きているわけです。そういうなかに、われわれもまたその一部として在る。何もわざわざ「風景」と呼ばなくても、そこにあるもの全体をわれわれは生きている。そういう境位をここでは、Kと呼んでおきます[14]。これは、何も「風景」と呼ばなくてもそこにあるもの全体をわれわれは生きているんだという境位のことです。そして、こういうふうに生きている境位から、「やりとり」という自我的な営みが生まれてきます。そういう境位をEと呼んでおきます。この境位では、Kが自我的な営みをとおして分節化されています。そうして、分節化をとおして風景がリアライズされていきます。この境位をAと呼んでおきます。Aにおいては、Eの境位が風景として再構成されています。このようにみていきますと、風景構成法では、K→E→Aというふうに在りようの境位が変わっていくプロセスが体験されることになります。

わたしなりに、風景構成法のプロセスをこのように捉えていたのですが、ここ最近、このプロセスとは異なる体験をしました。ある人と風景構成法をともにすることがあったのですが、枠づけされた画用紙(〈わたし〉[15])を手渡しますね。そのとき、画用紙全体が磨りガラスのような感じの薄い紙のようなもので覆われているといった感じになっていて、それがパッと取り払われると、一気に風景がぼわっとやってくるという、そういう感じの強いイメージを、その人との間で実感として抱いたことがあったのです。それは、画用紙を渡すときにすでにもう風景はそこにあるなあって感じですね。「その紙が取り払われたら、もうこういう風景が描かれていくんやなあ」と、そういうふうなことをすごく実感として抱いたのです。伝わりにくいかも知れませんが……。

このときの体験は、K→E→Aのプロセスではなくて、K→Aの体験ではなかったかと感じています。心理臨床のプロセスで継時的に何度かクライエントと風景構成法をともにするとき、このときもそうでしたが、作品の変化をどういうふうに受け取っていくのかということがたいせつなテーマになります。この変化は、クライエントと心理臨床家との関係の変化、つまりEの境位の変化によって生じます。そして、Eの変化というのは心理臨床のプロセスの展開にともなって変容していきますが、その関係は次第に非個人的（インパーソナル）に変容していくのだと言えるかも知れません。つまりそれは、K→Eではなく逆にE→Kという体験が活性化するのではないかとわたしは思っています。そして、どうもそういうときに、いまお話したような風景構成法体験がやって来るように思うのです。

2　事例を巡って

はじめに

坂田　今回の事例は、ご覧のように「あるうつの青年との心理療法のプロセスのなかで風景構成法を用いた事例」と少しまわりくどささえ感じられそうなタイトルにしていますが、私はこれまでにも、たとえば皆藤先生の本などを読ませていただくなかでも、自分にとっては、「風景構成法」が何か切り離されて単独で存在している技法とは違って、やはり心理臨床のプロセスのなかでこそ現われてくるものだ、というような認識があったので、その辺りを意識してこのようなタイトルにさせていただきました。

それから、私自身と「風景構成法」とのかかわりについて、もう少し述べさせていただきますが、私が大学院で心理臨床のトレーニングを受けているときには、基本的には「初回面接のときにはバウムテストと風景構成法をとり、そしてそれを材料にしてインテークカンファレンスにおいて見立てや診断を行なう」というプロセスが、なかば慣例的に自明視されているという事情がありました。私はその当時から、自分自身がその方法ではうまく面接ができているとは思えない体験が大きく、「どうして初回にふたつのテストを施行しなければならないのか」と、疑問を強く抱いていました。バウムテストや風景構成法をとおして、自分なりに何か納得して、「これをすることで、相手の役に立つ」というような手応えがあれば、それらも活かされたかもしれませんが、実際には自分ではわからないままに施行し、そして、あとでともかく指導教官からのコメントをもらう……といったケースが多かったことに、とても疑問を感じていたのです。そのため私には、あえて「面接の初回には描画をとらない」と決めていた時期もありました。しかし、そう考えると次には、「では実際に、自分はその描画（風景構成法）を、みずからの心理臨床のなかにどのように位置づけていくのか」ということが、非常に大きな課題として浮上してくるのです。そうした模索のなかで、私がかなり納得をして、心理臨床の場面に風景構成法を位置づけることができた事例が、今回の事例なのです。

それでは、前置きが長くなりましたが、事例の概要に入らせていただきます。

第六章「1　事例の概要」と「2　面接の経過」の初回面接

皆藤　では、ここまでのところで何か質問などがありましたら……。まずはわたしからうかがいたいのですが、この面接が行なわれているのは、どういった場所なのでしょうか。

坂田　入院施設を持たない外来とデイケアのみの精神科の診療所です。

皆藤　クライエントが二十歳前後のときに弟と母親が亡くなっていて、父親ともほとんど交流がないように思える、そういう家族ですね。クライエントは母親と弟の死の少し前、高校時代から変調を来たし始めますね。そうして、最近になって精神科を受診し、そして坂田さんと出会う。こうした出会いに到るまでのプロセスについては、坂田さんなりには、納得できるなあっていうふうに思われますか。あるいは、クライエントは高い敷居を越えるようにそうとうに決意して来られたというふうに思っておられますか。

坂田　そうですねえ。おそらく受診、通院ってことに関しては、かなり決意をもって来られたんではないかと思います。で、心理療法に関してはたぶん主治医に勧められてというような感じなのではないかと思います。少なくとも表層のレベルではそんな感じだったんではないかというふうに思います。

参加者A　えっと、初回面接のときに、この人はなんか、自分のことをすごい客観的というか、「下宿では部屋の隅でうずくまって」とか、「闇のなかにどっぷりとつかっている感じ」とか、すごくうまいことばの表現をしておられるなあと思うんですけど、これについては何か思われることはありますか。

坂田　まず、ちょっと一般的な話になるかも知れないですけども、私はうつの人に会うことがわりに多いんですけど、その感触で言うと、うつの人っていうのはリアリストだなあというふうに思うことが多くあります。ですから、そういう意味では客観視みたいなものはとても強いと思います。そしてこの人もまた、これだけのことを話せるというかことばにできるわけです。けれども、たしかにこのことはすごいと思う一方で、こうして報告するとこの人がまるでスラスラと言っているように思えるかも知れないですが、私の手応えとしては、これだけのことを五十分かけて語る、という感じだったかとも思います。

皆藤　うつの人はリアリストっていうのは、そうやなあというイメージがしますね。セルフ・エスティーム（自尊感情）がとても低いという意味の、「自分は駄目なんだ」っていうリアリティを客観的に語れる人というふうに思ってもいいでしょう。

それから、たとえば「闇のなかにどっぷりつかっている感じ」の「感じ」っていうふうにこの人が語るところが、大事やなあとわたしは思った。こういうふうに、自分の状況を客観的というか第三者的に語るっていうのは、ある種「表現」なんよね。そういうふうに自分の状況を表現している。こういう表現でしか語れない「辛さ」を感じる。この語りの奥に潜んでいるこの人のエモーションは、いまのところはこのようにしか語り切れないんだなあと思うのです。客観的事実としては、大学生くらいのときに弟と母親を亡くしていること、父親ともほとんど交渉がないことがありますが、これはわたしには、自分の周囲の人との関係がある何らかの力で断ち切られてしまう事態というふうに映ります。そういう、いかんともしがたいどうしようもない事実にまつわるこの人のエモーションは、そうとうな世界に在ると思うんです。それはいまは、「闇のなかにどっぷりつかっている感じ」というような表現でしか語り切れないというふうに感じますね。だから、「セルフ・エスティームを立て直す場になっていけたら」っていうのはものすごい大事なテーマだけど、プロセスとしては絶対に、慌ててこの人の内界の表現を強いないというのは、ものすごい大事になってきますね。急にそういう方向性をもったら、この人がせっかくこういう表現でもって護ってきた在り方をむりやりぶっ叩くことになる。そうすると、クライエントはほんとうに強くたしかな怒りをぶつけてくると思います。「どないしてくれるんや」っていう感じでしょうか。

ですから、バウムテストとか風景構成法を初回面接でしなくてものすごくよかったなって感じます。もしこれで初回面接にやるんだったら、きわめてさらりと、でしょうね。しかし、きわめてさらりとやるんだったらやる必要もないと、わたしは思ったりしてます。

それから、「闇のなかにどっぷりつかっている感じ」の「感じ」っていうのが大事と言いましたが、ほんまにどっぷりつかっていたら来院しないだろうとも思えますよね。「感じ」だからねぇ、ここが坂田さんとの接点になるかなあ……。この人は、もう闇を見ている人でしょうね。どういう闇なのかはわからないけれども……。そんなことも連想させられました。

坂田　いまそのお話を聞いていて、このとき私が、この人の全体的な印象として「消え入りそうな感じ」がすごく強くしていたことを思い出しました。

皆藤　セラピストが手応えとして摑んでくる雰囲気とか感じが、「消え入りそうな」っていう表現かな。なんかこう、「向こうに行ってしまう」って感じがした？

坂田　そうですね。だから……。下手すれば、そうかなあと。

皆藤　ああ……。

坂田　次に来てくれるかなあというか。

皆藤　そのときに、次回もこの人が来るということの、こちら側の手応えをどこかで摑みたいっていうような思いは湧いてきたりはしませんでしたかね？

坂田　私は、あんまりそういう感じっていうのはないことが多いですね。

皆藤　はあはあ、なるほど。案外それが、よかったのかもしれませんねぇ。

参加者B　「案外それがよかった」っていうことの意味をもう少し……。

皆藤　ここでは、坂田さんが「話しながら整理していくなかで、見えてくるものがあると思う」っていう提案をして応諾っていう、こういう形で次回の継続来談っていう契約ができるわけだけど、これ以上の、えっと、かならず来るっていう手応えを坂田さんが得ようと思ったら、どうしてもエモーショナルな繋がりを求めてしまうんですよね。で、そのことがすごくこの人にとって負荷になる。そんなことをちょっと思いました。だから、坂田さんなりの言い方をしてるんだろうと思うけれど、こういうふうに「提案をして応諾」っていう辺りで、この人は来るっていう確信が坂田さんにはあったんじゃないかと思ったんですが、いかがですか。

坂田　たぶん、どこかで信じてるところはあったと思います。通じるところはあるのかなあというのはありましたので。それに、この人にお会いしていた当時は私自身が、周りの人が就職していっているのに自分は就職もせずにふらふらしてる……という感じがすごくありましたし。

皆藤　こういう表現がぴったりくるかどうかわかんないけど、なんか「〈この人の在りよう〉と〈自分のいま〉は不可分だ」というような感じはあったんですかね？

坂田　あっ、それはありましたね。

皆藤　ああ……。それはすごく大事やったね。大事っていうか、もう逃れられないっていうか……。それから、この人の不眠っていうか、身体のテーマみたいなもの、「身体性」っていうか、こういうテーマもたいせつだなあって思いましたね。こういうところからコミットする回路もあるんだろうなあと思いました。

参加者C　「何も言えずにいたが、思わず首を横に振る」っていうのは、先生が？

坂田　そうです。あまりこういうリアクションってしないんですけど、ここはしないと、と思いました。なんか、せずにはいられないという感じでしたね。

第六章「2　面接の経過」第一期

参加者B　第二十二回の前のところで、面接を毎週に戻すことを提案されていますが、このときの先生の思いみたいなものを、教えていただきたいのですが。

坂田　面接を隔週にというのは、本人が「ある程度ひとりでやっていこう」という感じだと思うんですけれども、なんかちょっと、それではやっていけないだろうなって感じで……。隔週にしたときからどうかなっていう感じではあったんですけども、ちょっとやっぱり無理だったかなあって。それで、隔週ではなくてやはり毎週にした方がいいのではないかということで、毎週にしました。

皆藤　実際的には、クライエントが隔週を提案してきて、坂田さんがそれを受けて隔週にして……。これは、「隔週のペースでやっていこう」あるいは「やっていきたい」「いけるかな」っていうようなクライエントの思いをこちらが引き受けて、隔週というスタンスをとったということですよね。しかしまぁ、その後話を聴いていくと、やはり隔週ではちょっともたないって感じがこちらに起こって、それで毎週にと提案してクライエントもそれに応じた、というのがいきさつですね。面接プロセスの経過に沿った表向きの理屈はそうですね。……えっと、ちょっと訊き方がむずかしいんですけれど、……理屈はそうなんだけど、坂田さんの内で面接を毎週に戻す提案をするときの「ためらい」とか「迷い」とか、そのときの「気持ち」とか、その辺りはどうですかね?

坂田 いま読んでいて思ったのは、この人は「助けて欲しい」とか「誰かに導いて欲しい」とか、そういうメッセージが強くあったんですけど、なんか私は、自分はそういう役割ではないと思っていたんです。

皆藤 なぜですか。

坂田 「心理療法家として」は違うような気がしたんです。そういう役割になるのは自分ではないだろうなあ……と。私の基本的な考え方なんですけれども、やはり私が治すわけではなくて、私はここで何かが起こってくるっていうことを強く信じてるから、そこに向けてやっていくんだという思いがありました。

皆藤 それは、面接中からずっとあったんですか。

坂田 基本的な姿勢としては、たぶんずっとありました。導くということを求められても、私には応えられないだろうという思いがあって。それでもなおかつ、この場がこの人にとって役に立っていると断言できるかというと、そこにもやっぱり迷いがあるかなあ……。だから、隔週にした面接を毎週に戻したからといって、かならずしもそれがこの人にとってすぐに役に立つかどうかはわからないという「迷い」のような感じはあったかと思います。

皆藤 ああ、なるほど。坂田さんにとって「この人の役に立つ」っていうのはどういうイメージなんですか。

坂田 いろんな言い方があると思うんですけど、やっぱりこの人が目指しているものにこの人が辿り着くのを援助できたら、それが役に立つことだろうなと思います。

皆藤 なるほど。そして、「この人の目指しているもの」ってのは、この第一期までのところで坂田さんにはイメージとしてこの人と共有できていた、あるいはこの人の目指しているものが坂田さんには見えていたという感じはありますか。

坂田 目指すところは見えていましたが、はたしてそれは無理なのではないかというか、目指すところではないのではないかというような感じがしてはいました。

皆藤 「この人が目指すところではないのではないか……」という？

坂田 ええ、ええ。

皆藤 じゃあ、その「目指すところ」っていうの、もう少しことばにできますか。

坂田 この人が、こつこつと勉強して業績を積み重ねて、研究者として自立していって、人間関係もスムーズにいけるというようなところですかね。

皆藤 坂田さんは、彼のそういうところが、わたしのことばで言うと「この人にとってのリアライゼイションっていうことに繋がっていくんだ」っていうふうに思っているわけですね？

坂田 そうですね。

皆藤 そういう目指すところがあって、そのためにこちらが援助できることっていう、その「援助」っていうのはどういうことになるのでしょうか。

坂田 むずかしいですけど……応援してあげるというような感じかなあと思うんですけども。

皆藤 しかしただささ、坂田さんは心理臨床は「治す」ということではないと思ってるわけですよね。そうすると、その「応援する」っていうこととは？　「がんばれ」っていうことなのかな……？

坂田 メッセージとしてはきっとそうですね。それを願ってるというか、祈っているという感じですけど……。だけれども、なかなかそうはいかないだろうなと思います。

皆藤 誤解のないように確認しておきたいけど、「応援する」という気持ちはあっても、坂田さんの会い方は自我的ではないですよね？

坂田　そうですね。

皆藤　「応援する」と言うとすごく自我的に聞こえるけど、わたしも自我的ではないなあと感じます。それから、ここまでのところでは、この人なりになんとか実現していこうとしていた世界、手応えとして生きていこうとしていた世界っていうのを、この人なりに模索しながら進んできた歴史がずっと語られてきたと思うんですけど、それはこの人の自己評価としては否定的な方向に行き着いているわけですよね。「じゃあどうしていったらいいのか」というときに、これまでやってきたことのすべてが否定されているわけじゃなくって、たとえば「社会と繋がっていきたい」とか「資格をとって」とか「積極的に人とかかわれるように行動してみたり」とか、ある程度は実現していこうとする世界を進んで行こうとするんですよ。それでも他方で、この人には孤独感とか無意味感、世界体験の無意味感というのがすごく募ってきている。

この第一期は、この人もそういうふうにある意味で自我的にがんばるときで、それを坂田さんも「応援する」とか「役に立つように」とかいう姿勢で聴くときだったと思う。そしてこの時期は、ある程度、ふたりの間で築かれてきたそういう関係の在りようが固定しかかっているように思うのです。だからこそ、「これではもう、これ以上は動きようがない」というふうな感じのところまで面接が進んできて、そういう感じが、たとえば第二十八回で「なぜか今回は、Aさんの否定的な思い込みを崩そうと少し厳しく問いつめる感じになってしまう」というような現われ方をしているのかなあ、というような印象をもちました。

それから、具体的なところでは、たとえば第三・四回で、母親と弟の死のことが語られていますが、これはこのときはじめて語られたんですか。

坂田　カルテにはそのように書かれていたので主治医には話していたんでしょうが、面接の場で語ったのははじめてだったと思います。

皆藤　わたしは、たしかにすでにカルテに書かれているからということもあるかも知れないですが、これが語られるのが早いなあという感じがしました。まあ早いかどうかはともかくとしても、この語りの背景には、「僕だけがなぜ生き残ったんですか」という問いが確実にあると感じました。でも、そのことは問うてみてもわからないし、この人もわれわれもわからない……。

さきほど、「この人にとってのリアライゼイション」という言い方をしましたが、その脈絡で言いますと、リアライゼイションは、この世に生まれてきたことは自明であるという、いわば生まれてきたことそのものへの疑問符は存在しない世界を前提とするか、あるいはその世界に疑問符を打ってそこからもう一度生きるという世界に戻ってくるか、どちらかだろうと思います。この人の場合は、もうたぶん「なんで自分だけ生き残ったんだろう？」というふうに生きて在ることとそのものに疑問符を打って、そこからもう一度「自分がここに生きて在る」ことの意味を確認していく、そういうプロセスがすでに第三・四回辺りのところに見られるのではないかと感じました。そしてそれがまさに坂田さんに向けられているなあという感じがする。それにたいして坂田さんは、第七・八回で眠気を感じてますね。これ、眠たくなってくるっていうのは、どお……？

坂田　ほんとに、これは……。なんとも言えないですね。「死にたい」とか言ってるところなので、「ほんまにこんなところで寝たら失礼だし……」とは思っていても、それでも眠たくなってくるんですよ。

皆藤　心理療法とかカウンセリングの教科書には、「セラピストは寝てはいけない」とはどこにも書いてないんだけれど（笑）。わたしがものすごいなあと思ったのは、この人はさきほど言ったように途方もないテーマを抱えていて、それを坂田さんに問いかけている。他方で、これもさきほどの話にありましたが、この人の年齢や在りようと坂田さんのいまは不可分だと坂田さんが感じている。坂田さんはこの人の話を聴いていて自分と近しいものを感じ、この人と近しい心理的距離に在る。このふたつの事態に、「幅」というか「差」というか、そういうものを感じます。

この人の問いかけを引き受けることは、体験をとおして疑問符が外されていくプロセスをともに生きることだと思うんですが、そこでは、坂田さんが自我的にかかわったんではダメだとすごく思う。だからこそ、坂田さんが一生懸命に話を聴こうとすると眠気を覚える。それは、坂田さんが自我的でなくなっていくプロセスだと思うんですね。それを坂田さんの身体がやっている。そんな感じがすごくした。だから、「あ、これはもう、眠たくなるんやろうなあ」と思った。

それから、そのときに、夢について尋ねてますよね。この夢の内容はものすごく大事だったなあと思います。なぜかと言いますと、この夢の世界はさきほどわたしが話しましたKの世界の在りように思えるんですよ。「母と弟が生きていて自然な感じで話している」。もしもこの場所に戻れたら、それはこの人にとってごく自然な在りようっていうのか、この人はなんの問題もないんだろうなあと感じますねえ……。だから、こういう夢をこの人が見るんだということでのやりとりは、そこからもう一度「再分節化」に向かう、そういうプロセスがあることを語ってるんだなあと思います。

しかし、そうは言ってもこの人は、ここまででは自我的に世界を再構築しようとしているんですよね。そうして、そのたびごとに否定的なエモーションがやって来る。否定的な思い込みですね。それが徐々に強くなっていく。この人はそうとうに苦しかっただろうと思います。そして、第三十回でとうとう「もう限界です。死にたいと思うこともある。そこまで自分が我慢して相手に合わせる必要ないと思うようになった。これから自分はどうなっていくのか。救われたい。助けて欲しい」と語ります。このときの坂田さんの語りは文面からは「この面接の場を大切にしていきたいと伝える」ということですが、もうちょっと率直に、この人のこういうことばを聴いてどんなことを感じましたか。

坂田　端的に言えば「いかんともしがたいけど、ついて行くよりないな」という感じです。

皆藤　うん。……。「いかんともしがたい」……なあ……。

《 沈黙 》

坂田　あとは、「そこを通っていかんと、いかんのやろうな」っていうのは思います。

皆藤　あの、わたしはこの人はすごく坂田さんにやさしいなあと思うんです。というのは、語りがここで終わってるんだよね。「救われたい」「助けて欲しい」で。ここからもう少し進むと、「どうしたらいいですか」っていう問いがやって来るよね。あるいは「どうせえいうんや」とか「どうしたら救われますか、先生」とか……。そういうふうに尋ねられたら「いかんともしがたいですなあ」なんて言えないでしょう？　この人は、坂田さんにも感じられる、坂田さんと共有できるところでことばを切ってくれてるっていう感じがする。この人は、人間関係を繋ぐ力をこれまでの人生のなかで築いてきたんだなあ、培ってきたんだなあとすごく思います。

ただ、まあ、ほんとに「いかんともしがたい」っていうのはそのとおりで……。キャンセルが増え、第三十二回のあとには七回のキャンセルが入っている。この辺りはほんとうに大変なところだったと思うけれど、このとき坂田さんは「気長にやっていこうと考える」。これはものすごいたいせつなことだった。次の回、この人は「休学することにした」と言いますよね。面接としてはこういうふうに進んでいくんだなあと思いました。

この人のリアライゼイションのプロセスに、祈りというところに通じる回路をきちっと開けながら、ずうっといてくれる人がものすごい必要かなあと、そしてどうも、坂田さんがそういう存在になっていくのかなあとか、あるいは、そういう存在でありつつ自我的にもかかわっていく存在なのかなあとか、そんなふうなことも思いながら聴いてました。

第六章「2　面接の経過」第二期

皆藤　では第二期に進みましょうか。いよいよ風景構成法が出てきます。

坂田　はい。第三十四回で風景構成法が出てきますが、それまで三十三回の面接をしているのは、はじめから風景構成法をこの面接で導入しようと思っていたからではなくて、プロセスのなかで必然性を感じてというか、止むに止まれぬものがあって風景構成法を行なったからこうなったのです。それでは、はじめて風景構成法を導入したところから、はじめます。

《風景構成法①（図6－1）が提示される》

皆藤　えっと、坂田さんはこの風景を見て「励まされる感じがした」っていうことですけど、その感じと、風景構成法を導入するときの坂田さんの想いっていうかな、「自然が癒してくれる」っていうようなこと、それらの間に「ズレ」はなかった？

坂田　そうですねえ……。たぶん、前と後がそんなにスッとは繋がらなかったっていうのが一番近いような気がします。

皆藤　ああ、なるほどね。えっと、第二十五〜三十回辺りのところで、わたしは「この人は、何処から何処へ行くんだろう……」と思ってました。なんだか吊り橋を渡っているようなイメージをとても強く抱いていました。それで、この作品（風景構成法①）を見たときに、この（現われた）人がAさんで、月の夜に山を見てるんですよね。それでわたしは、『さがしてごらんきみの牛』の「深い山への旅立ち」の画を想い出したんです。この本は現代版十牛図とも言えるもので、日常につまらなさを感じていた少年が、牛が逃げ出しているとの老人の指摘を受けて、牛をさがしに旅に出るプロセスを絵で表現したものです。その少年が旅に出るときの図がこれなんです（図7－1）[16]。今から、月の光に照らされて、少年が自分の「牛」、だから「たましい」と言ってもいいかも知れないけど、「人間が生きる」ということに不可欠な「何か」を探しにいく旅に出る。そのときに少年は月を見るんです。そして印象深いのは、おわかりのように、探す牛は真後ろにいるんですね……。なんか、この画をすごく連想しました。そして、「ああ、この人はいまからそういう牛を探しに、そういうものを探しに、坂田さんと一緒に旅に出るんだ……」とか、「はたしてこの人の後ろにはその牛がいるんだろうか……」とか、「この人は

図7-1 「深い山への旅立ち」(マ・サティヤム・サヴィタ『さがしてごらん君の牛』禅文化研究所発行，p.13)

どういうふうにこの川を渡って旅に出かけるんだろうか……」とか、そういうふうなことをすごく想っていました。

結局、全体として癒される「自然」というのはここではまだ闇（月夜）なんですね。そしてかすかに自我がうごめいている。月明りで山は真っ暗だけど、可能性をすごく感じる。この人はこれからどう動いていくのかなあ……。黒い山がすごく印象的だなあ……。高い山だなあ……。と、そんなイメージがすごく強くあります。

《 沈黙 》

参加者D わたしはそれを見ていて、さっき皆藤先生がおっしゃっていた『牛を探しに行く』っていう、そういうなんていうか「エネルギー」のようなものってあるのかなあと、ちょっとわたしにはそれがわからなくて……。最初見たときにはすごい虚無感というか無力感みたいなものが高じてきて、この人にとって人生なんか「どうでもいい」ものなんじゃないかという感じが強くしてきたんです。人生なんか「ばかばかしいもの」みたいな感じがしてきた……。だからエネルギーが、「牛を探しに行こう」と思えるような向き方はしてないように感じました。

わたしはどこを見てそういうふうに思ったのかなぁって思って、ずっと絵を見ていたんですが、たぶん「犬」だろうと思いました。「犬」が家に繋がれてるこの感じって、すごくそういうものをイメージさせたんだろうなあ……って思うのです。だから全体を見たときに、旅に出られるようなイメージというのは、わたしのなかにはぜんぜんありませんでした。

皆藤 ものすごくおもしろい。

この人は、川を、隅を横切るイメージで全体を分節化しますね。そして、そうやって分節化してしまったところに、こちらの世界とあちらの世界をどう繋ぐかっていうふうなテーマがやってきます。しかし、いま、その「繋ぐ」というテーマをやり抜く力があるかというと、「それはまだ鎖に繋がれて動けない」というふうに風景構成法は言っている。これはすごく象徴的だと思うけれども、「そういうエネルギーはない」と……。けれども、さきほどわたしが言ってたのは、この人がこれから心理臨床を続けていくときのテーマとして、そういうものがここに現われているんじゃないか、ということなんです。いますぐ旅に出てやり抜けるかどうかというのはとても危うく感じられる。しかし、分節化したということこそが、この人にとって大いなる「はじまり」という感じがするのです。なんとなくそこでちょっと開けた感じがするんです。この右隅の領域に人が現われたということは、そういうことなんじゃないかと……。

《 沈黙 》

参加者A えっと、僕もやっぱり、セラピストがこの絵で励まされたっていうのにはちょっと驚きました。きっと、ここまでの面接の流れがあって坂田さんがなんか感じたんだろうなあっていうふうに思うのですが、そのことはとてもおもしろいです。おもしろいっていうか、たぶん僕がこの絵をこのままパッと見せられたら、けっこう「はあ（深いため息）」とか思っちゃうと思うんですよ。

たしかに、クレヨンでこれほど色にエネルギーを込められるっていうことは、すごいことだなあと思うんですよね。何がどうすごいのかは、よくわからないですけど……。月の周辺の青だったりとか、空もなんか微妙に塗り分けてあったりしてるんですよねえ……。だから、なんかこの人は「線」じゃなくて「塗り」に……、すごい「動き」ですごいエネルギーを込める感じっていうのがあるんだなあって……。描線とかは弱いんだけど、色で、色の「動き」とかそういうもので、なんかこの人はエネルギーを出してる感じがあるんじゃないかなあって思いました。で、坂田さんはそういうところに励まされたのかなあ……っていうふうなことを思っていたのですが……。その辺り、坂田さんが「励まされた感じ」っていうのを、もうちょっと聴けたらなぁと思うのですが、いかがですか。

坂田 そうですね、私にはもっと空虚な絵になるんじゃないかっていう、そういう予測もあったんです。だから、川の向こうの世界がこれだけのものを持ってるのだから、この人が向こうの世界の価値に気づけたらというか、向こうの価値というものをちゃんと自分のものとして、価値あるものとして認められたらすごいことだなあと……。この人はよく、「価値がない、価値がない」って言ってるけど、この人のなかにはこんなものがあるじゃないかという、そういう感じかなあと思います。

皆藤　それは、これまでやってきた「関係」のテーマなんでしょうね。たとえば「これだけの世界があるじゃないか」っていうふうに思うことだけではなく、たとえば「この世界はひどく大変じゃないか」と思うことなど、見え方は他にもあると思います。けれど、坂田さんがこれまでこの人とかかわってきた関係の感触として、この絵が風景構成法に現われたときに、「これだけの世界が描けるんだ」という印象となったんだろうと思うのです。このわたしには、この世界が価値あるものかどうかというのはやっぱり疑問で、ひょっとしたらこの世界はこの人を潰してしまうのではないか……というようなイメージも一方であるのですが……。

《　沈黙　》

参加者C　僕はどっちかと言ったら、闇夜の山なんて怖いですね。足を踏み入れられるところじゃないっていうか……。だから、道がそこで切れてても「しょうがないなあ」というか、むしろあれがあのまま繋がっていたら、魔物が棲んでるかもわからないし、何が出てくるかほんっとに恐ろしいと感じますね。

本来は「山の護り」というようなことがよく言われるのかも知れないけれど、彼にとってはすっごく恐ろしいものというか、そこにはなかなか踏み込めないものかなあ……とは思います。でも、そのときあの犬がそこにいて、いまはまあ繋がれてしまってるけど、恐ろしい山に向かって行くときには一緒に行ってくれると、なんかこうちょっとラクになるのかなあ……っていう印象でした。でも、ほんとうに、あの暗黒の漆黒の山っていうのは怖いなあっていう印象が強いですね。

《　沈黙　》

皆藤　「山の怖さ」っていうのはそのとおりだと思いますね。「山のスピリチュアリティ」っていうか。山に魔物が棲んでいるということで言えば、ほんとにこの山に入って行くのは途方もないことだと言えるし……。言い方を換えたら、この人のスピリチュアリティがまだ闇のなかなんだっていうふうな言い方もできると思いますねえ……。しかし、月が出て、山の輪郭を照らしている。で、ようやくそこに光が入り始めている。たしかにそれはまだ月の光だけど……。

ほんとうにこの山は印象深いですよね。

坂田　月がなかったら、そりゃあもう恐ろしいと思います。

皆藤　月はこれから大きくなって上弦の月になって、満月になって、そして下から欠けていく。この月夜も、これから日を重ねることでだんだんと明るくなっていく……、ということですかね。

参加者D　月についての話がされていますが、わたしはまったく逆のイメージをもっていました。わたしには、まだ、この山だったら魔物が出てくる心配もないし、そういう怖さもないなあという感じが強くあります。わたしのなかでは、まだそんなに山がリアルになっている感じがしないんです。やっぱり、さっきのことばで言うなら「どうでもいい感じ」っていうのがあって……。あの山から何かが出てくる、恐怖や不安を掻き立てるような何かが出てくる、そういうイメージはなくて、もっともっと月が大きく明るくなったら、もしかしたら怖い山になるかもしれないなあっていう感じがどこかでしてはいますが……。

皆藤　いまの感じを言い換えたら、「まだ山が眠っている」っていうふうに思ってもいいですか。

参加者D　「死んでいる」に近いかもしれない……。

皆藤　ああ、「死んでいる」。はあはあ……。ちょっと話が飛んでこじつけかも知れないけれど、いまふと、この山は母親と弟みたいなのかなあと感じました。「死んでいる」って言われてふっと思ったんだけれど……。結局、夢が語っているように、おそらくこの人のなかではこの二人の「たましい」はまだ収まっていないわけですよね。

母親と弟と自分とがごく自然に話をしているという夢によってすごく孤独感を体験する……という具合に。だから、母親や弟が死んだということは、この人の全体にとってはまだ収まっていないテーマだとも言えるんじゃないかと思うのです。そういう意味では、なんかそれをふたつの山がどこか表現しているっていう、そんな言い方もできるかなあともちょっと思ったのですが……。ちょっとこじつけかなあ……。

坂田　《沈黙》

坂田　聴いていて思ったんですけれど、私にとっては、「その山にこの人が登る」というイメージはなくて、むしろその山は母親と弟の墓標というか、そういうイメージの方が近いのかも知れません。だからこの人が、登ろうとしてこの山を見てるというよりは、ただそこに在るものとして見てるというか……、そんな感じがするのです。

《沈黙》

皆藤　ちょっと話が変わりますが、坂田さんは「風景構成法を描いてもらったときに、質問をあんまりしない方だ」って言われていたと思うんですけど、それは何か意図があるのですか。

坂田　意図というか好みの問題かも知れませんが、どうも私は、あとから言われたことばというのがなんか嘘っぽく感じるのであまり訊かないのです。

皆藤　なるほど、それはいいですね。

それからまた話が変わりますが、坂田さんはこの人と会っていて視界が回り始めて目眩を感じるなどの身体感覚レベルでの反応が起こっているわけですが、これについてはなにか自分なりに考えたことはありますか。

坂田　なんか、やばいやばいという感じです。自分自身の在り方としても「これではあかん」という感じがかなりありましたね。

さきほど「応援する」という話もありましたが、やはり病院で会ってるということは、社会的に見たら治療をする場所で会ってるわけであって、だからこそ、なるべく短期間で社会的・現実的に適応してくれたらいいなぁっていう想いが私にもあるわけです。一方で、そうじゃなくって、それが治療と直接に繋がるかどうかというのはわからないけれども、それでも分節化というのをもう一回やり直すところまでいく必要が、そこをやってく必要がある、というのと両方あると思うのです。だから、私自身がどちらでやっていくのかというところでもだえていたという感じだったのかも知れません。

皆藤 なるほど、なるほど。わたしは、心理臨床家の身体性の反応っていうのをとてもたいせつに考えていますが、やはりこの人の場合は、面接のなかに「身体性」というテーマが入り込まなければどうにもならないという感じがしますね。この人は、主訴も不眠や便秘といったように身体性を語ってますよね。だから、すごく思い切って言ってしまうと、やはり「たましい」のレベルのところが共鳴し合う、何かそういうような「とき」かなぁって気がするんですよね。

それから、さきほど「この人が川を渡って山の方に行く感じがぜんぜんしない」という話がありましたが、それにたいしてわたしは、たしかにいま現在のエネルギーとしてはそうかも知れないけれど、ただこれからのテーマとしてはあるんじゃないかというふうな言い方をしましたが、それは、この人が川を渡って山の方に向かって行き、そこを豊かにしていくといったテーマとしてこの作品を見たわけです。しかしいま、ふと、もうひとつの可能性として、この人が川から向こう側の世界に別れを告げ、そしてこちらの右下隅を向いて行くっていうテーマもあり得るかも知れないなあ……っていう感じがしました。なんでそんな感じがしたかというと、この人がよく見る母親や弟の夢です。それは、いろんな考え方があると思うけれど、わたしには、なんだかこの人の日常や現実も含めた生活全体が、そうした母親や弟の夢に、あるいは母親や弟に、「さらわれている」というか「囚われている」というふうにすごく感じられるのです。だから「墓標」って坂田さんが言われたけど、山の方向に背を向けて右下隅の方向に行くっていうことがあるんじゃないかと感じたんです。そうするともう完全に、あらたに風景が再構成されていくっていうことになるけど、そういうテーマもあるかなあって思うねえ。あとの展開次第だろうけど。

それでは、次の風景構成法作品に進んでみましょうか。

《風景構成法②（図6－2）が提示される》

皆藤　ここで風景構成法を、と思われた動機みたいなものはなんですか。

坂田　そうですね、このときはなんかもう、「ぱっ」という感じだったと思うんですけれども……。

皆藤　この前にキャンセルがあって、坂田さんが「苛立ちを覚える」っていう体験がありますが、これがこの回の風景構成法の導入に影響しているっていう感じはありますか。

坂田　もしかしたら、ここにきて「繋ぎ留めたい」という気持ちはあったかも知れないですね。

皆藤　前回のこの人の風景構成法の表現でセラピストが「励まされる」っていうことがありましたが、この人にとっての「表現の力」というか、そういうものに「託す」とかそういうものを「信頼する」とか、そうした想いもありましたかね？

坂田　それはありましたね。それはもう、最初に描いてもらったときからかなり強くあったと思います。

《　沈黙　》

皆藤　……では、まずは坂田さんがこの作品をどう思われたのか、聴かせていただけますか。

坂田　《　長い沈黙　》

皆藤　一回目の作品から二回目の作品へっていう「流れ」というか「繋がり具合」というか、あるいは「比較」というか、その辺りはどうですか。

坂田　一番大きく変わったのは昼になったなあというのと、川が風景のなかにきっちり入ってきたなあという感じですかね。で、そこに魚が泳いでいるなあという……。

《 沈黙 》

皆藤　なんかとてもシンプルに思ったということですか。

坂田　シンプル……、ですねえ……。んんん……。

皆藤　たしかに、坂田さんの言われるように「川」に注目すると、前の作品と比べて「構成」の面で大きく変わりましたよね。けれど、なんだかわたしはむしろこの「山」にものすごく圧倒されますね……。彩色の具合なんか、「ああ、氷山なんだなあ……」って感じを引き起こしませんか。やっぱり、「山」は圧倒的な感じがしますねぇ……。だいたい、通常の山は緑で塗りますよね？　水色では塗られないんじゃないかなあ……。

坂田　そうですか。でも、遠くにそびえている山って青く見える印象が私のなかにはあります。

皆藤　じゃあ、これは、むちゃむちゃ高い山なんですかね？

坂田　そうかなあと。距離感はだいぶ違いますけれど……。

《 沈黙 》

皆藤　連想したことがふたつあります。最初のイメージは、山をぱっと見たときにすごく氷山みたいだなあと感じたので、これが全部溶けて裾野の方にうわあーって流れ込んできたらどうなるんだろう？　っていうものです。それからもうひとつの連想は、氷山だから固まっているわけですよね。それを「死んでいる」と言ってもいいとしたら、やっぱりテーマとしては繋がってくるなあということです。そして何より「固まっている」というふうに言えば、この人のエモーションはまだこの次元の世界では動いていないのかなあと思いました。けれどゆっくりと、たとえば木も本数は抜群に増えたし、花も……といった具合に、この辺りはエモーションが動き始めてるって感じてしまいます。それから何より、「道」が気になるところです。この風景のなかに「道」はどう機能的に現われていくんだろう……というテーマがあるような気がするのです。

《 沈黙 》

皆藤　……。まだどんどん連想が湧いてきて、湧きすぎてちょっと困るくらいですが、たとえば河原ってすごいですよね。ていねいにひとつひとつ石が描かれていますが、このひとつひとつが髑髏みたいに見えてきて……。河原というのは、かつては処刑場だった場所ですよね？　そんなことからも、この人は、絶対にまだ「死」ということと不可分にあるんだろうなあと思います。

《　沈黙　》

参加者C　やっぱり僕は、山が高く険しくなってるなあって思います。そこに繋がる坂道、あんな坂道を登っていこうと思ったら大変だろうなあと思いますね。

もうひとつは、この人の場合は陵線がすごく綺麗に描かれていて、陰影を使っておられるでしょう？　前回の作品も、月の周りだけ色が変えてあったりして、なんかやっぱりこういう光とか影とか、そういうことには開かれているのかなあという感じがしましたね。山の高さでいうと、なんだかちょっと「精神性の高さ」みたいな、そんな感じもしてきますねえ……。

皆藤　なんかわたしにとってこの絵は、身体感覚で言うと「寒さ」を感じますね。すごく寒い。寒くてぶるぶるっと震えるような感じなんですけれど……。

坂田　私はやはり山に登るイメージは全然なくて、だからきっと山に登るのがこの人の「旅」ではない気がとても強くします。

参加者D　わたしはこの風景を見ていると、風や空気の「冷たさ」や「におい」がどんどん鮮明になってくるような感じがします。そしてそういうのを感じてしまうと、同時に自分の内側に「血」が流れているのを感じるのです。この手に血が流れていることを……。で、そのことに気づくと「だったら、どうすればいいんだよ」って、「怒り」というか……、そういうものがふつふつと湧いてくるような……。そういう「怒り」みたいなものがどんどん湧いてくる感じが、川辺の石の感じに重なって、そこに象徴的に表現されているのかなあと感じました。

研究会は、その後約二十分間の休憩を挟んで、続いていった。休憩後の約五十分間、原因はまったく不明だが、録音がされていなかった。その間に議論されたのは、風景構成法で言えば、風景構成法③、白紙の風景構成法、風景構成法④である。まさに、風景構成法に関する議論の中核部分が録音されていなかったことになる。以降は、風景構成法⑤の途中からの議論である。[17]

《風景構成法⑤が提示される》

皆藤　この作品は、「小高いひと山（風景構成法④）を越えて、そして河原の辺りから見たらこう見えた」という、そんな感じでしょうか。そうすると、この人はよく「遠くに山があって」っていう表現をされるけど、この山はほんとにそうだなあ、遠くにあるなあ、という感じがしますね。

川は、幅は広いけれどあんまりそういうことを感じさせないし、釣りをしている人もいるから流れは穏やかなのかな……。

坂田　そうですね。人は、家族連れじゃないけれど……、なんだか少しそういう感じもするし……。

皆藤　花の色が変わりましたね。劇的に変わった。「黄色」から「赤」、「注意」から「止まれ」に。これはなんだろう……。

坂田　そう言われればそうですね。気づきませんでした……。

皆藤　それから山の描線や色塗りも、遠くの連峰のような「線」から、「立体性」みたいなものを意識させる上下を感じさせる塗り方になってきていますね。青色になってきているしね。

それから、テーマとしてはこの「家」ですね。前回は、近景に大きく現われていたけれど、今回はふたたび遠景にいきましたね。これから「家」は、どういうふうにこの風景のなかに収まるのかなあ……。「木」も、はじめて樹冠の塗りが混色ですねえ。こういうところ辺りにも、この人のエモーションの豊かさみたいなものが少しずつ出てきてる感じがしますねえ……。そして次ですが……。

《風景構成法⑥が提示される》

皆藤　これは、どんなふうに感じられましたか。

坂田　この人は「荒れ地」だと言ってるんですけど、耕されて何かがこう生えてきそうな勢いを感じるなあ……という印象が一番強かったです。だんだんとですが、手前の風景が非常に豊かになってきているなあという感じがします。木がこちら側にきたというのも、とても印象的でした。

皆藤　わたしには、風景構成法④以降ずっと「家」のことが印象として残っているからだと思うのですが、家が前景に現われるとなかなかしんどいなあという感じがしますね。やっぱり右下のこの領域が、どういうふうに風景のなかに収まっていくのかを思ったときに、家が前景に現われるとどうしてもこの人には、「田が荒れ地で、土がむき出しになっている」っていうちょっと荒涼としたイメージを抱かせることになる。それが「カラス」や母親と弟の「死」とも繋がるような……、父親とも没交渉だし……。そういう「家」なるものがどうこの人が生きる体験世界に収まっていくのか、その辺りがたいせつなテーマとして描き出されていると思いました。それと少し関連しますが、「カラス」って死者や死と連想が繋がってしまうので、わたしはしみじみと、「ああ、この家にまだカラスがおるんやなあ……」って思いましたね。

それから、この「赤い橋」ですが、これもやっぱり「渡る」というテーマや、あの「赤い屋根」と連想させていくと、ここは境界領域だから川を「渡り行く」というテーマとして、この人のなかに「死」ということがどう収まっていくんだろうっていうことを感じました。

全体としての構成は、そんなにもう揺るがないというか、崩れないというか、安定感という意味ではある程度は安心できると思うのですが、それでも、「死」ということがどう収まっていくのかがすごく大きなテーマになってるんじゃないかと感じますねえ……。

まあ、もう少し進んでみましょう。

皆藤　第七十回は、ものすごく大事な語りでしたね。そのことから連想したのですが、いま「死」の話をしていたのは、もちろん母親と弟の死がすごくイメージとしてあったからですが、けれどそれだけではなくて、この人がうつになったことによって、この人のなかで「死んでいってしまったもの」というようなものもあるはずで、わたしは、この人にとっての「死」のテーマはそうしたすべての「死」を含み込んでいるのだろうと思っています。

皆藤　第七十一回辺りでは、坂田さんはどんな感じでしたか。この人が笑って「ぶっちゃけた話」とか言ったり、「照れ笑いのような笑顔を見せたり」とかしていますが……。

坂田　なんか、「いい感じだな」とは思っていました。この人はこういう感じなのかなと。

皆藤　なんか、この人がこの人なりの生きるリズムを摑んできつつあるなあって感じですかね？　そして、次の作品になるわけですね。

《風景構成法⑦が提示される》

皆藤　この作品は、実際のこの人の体験世界がモデルになったということですが、「家」が「ビル」になったのかどうかはわからないですが、ともかくここに「ビル」が出現しましたね。それから、川の両端がちょっと芝生っぽい感じでより穏やかさを増しています。さっき、河原は処刑場だったという話をしましたが、なんだかそれをむくろにそこに緑が生えてきたっていうような感じもしなくはないですねえ……。「鳥」はどう思われました？

坂田さんには、全体としては日常世界にこの人が返ってきたような感じがあったのでしょうか。

坂田　そうですね。「鳥」ということですけど、さきほどの作品（風景構成法④）ではちょっと小高いところから見下ろしていましたが、そういう視点を、「鳥」として「空から見る視点」みたいなものによってここでも引き継いでいるという感じはします。けれどそれだけではなく、その一方でこの作品には「犬」が木の隣にいるんですよね。これは、最初に出てきた生き物が「犬」でもあるし、「犬」は地面にいる生き物でもあるし……。ここには、「鳥」と「犬」という、そういう両面の視点があるのかなあと思いました。

それから、夕方の風景っていうのは、なんとなくこの人に似つかわしいというか、この人はやっぱり昼のさんさんと降り注ぐ「日中」を生きていくよりは、「夕方」といった昼と夜の両面をもつ中間みたいなところでやっていくのかなあ……というような感じがして、そういう意味で似つかわしいように感じたのです。

《沈黙》

皆藤　「橋」がなくなった……、描かれていないことについてはどうですか。

坂田　そうですね、橋はないけれども、ただ「繋ぐ」ものはあるような気がします。

皆藤　もう少し言えますか。「繋ぐものがある」っていう辺りは？

坂田　まずは「鳥」がいるから両方とも見えるというのと、構図的にはおかしいかも知れませんが、私は、たぶんそこの上（ビルの下方に人がいるところ）にあるのが「橋」だと思うんです。

皆藤　「立体道路」という感じですか。

坂田　構図もわからないし、そうなると実際の風景ともちょっと違うんですけれども、なぜか私にはそう見えてしまうのです……。

皆藤　「橋」って、だけど普通は川に架けられるものを思いますが……。

坂田　そうなんですけどねえ……。

《長い長い沈黙》

皆藤　いまあらためて思ったのですが、作品をはじめからとおして見ていくと、風景構成法③と⑥で「橋」が架かりますが、これをわたしは「繋ぐ」というイメージで捉えていました。だからわたしのなかでは、この風景構成法⑦で現われた橋と、これまでの橋とはやはり少し違うイメージなのです。色が違うというのもそうですが、ものすごい両極の、たとえば「生」と「死」のようなものを「繋ぐ」とか「渡る」というイメージでみると、違うなあと感じてしまうのです。それから、この人が「荒れた」という表現をしてるところも、風景構成法⑦で現われた橋とは違うと感じさせます。

この人が「いる場所」とは、どうも繋ぐちょうど境目のところのような気がして、それが風景構成法⑥で言えば「橋」や「カラス」で表現されているのではないかという印象があります。この脈絡で言えば、この風景構成法⑦では「カラス」ではなく「鳥」という、より受け入れられやすい表現になりますね。そして、「橋」が現れて「繋ぐ」イメージが活性化することでこの人の表現が「荒れる」わけだから、風景構成法⑦では「橋」が現われないことによって表現が守られている。それらのことによってようやく体験が内に収まった、という感じがするのです。坂田さんに見せる表現としてはこういう表現だと……。しかしこの人のイメージは「繋ぐ」というテーマに生きていて、「近所の河原から繁華街の方を眺めた」と語るように、川の此岸と彼岸を「眺める」というイメージ体験として繋いでいる。風景構成法④で言えば、小高い丘の上から見ているというイメージ体験になる。しかし、その体験を表現しようとするとものすごく風景が荒れる。だから、坂田さんとの関係のなかではこういうふうに見せておいて（風景構成法⑦）、しかし自分のテーマとしては残っていますよということを、たとえば「鳥」などで表現してるのかなあ……と、そんなことを思ったりもしましたね。

風景構成法⑦は、テーマとして自分がそこを生きていることは坂田さんに伝えつつ、しかし現実の自分はここにいてそれを眺めながら生きるというスタンスが取れるようになりました、と、そういうことを伝えているような作品にも思えますね。

《沈黙》

参加者D　わたしは「山」が前面に出てきた絵（風景構成法④）から、まったくわからなくなってしまって……。そこからなんにもわたしには伝わってこなくなりました。わたしには、この絵（風景構成法④）を通り抜けることがどうしてもできなくて……。だから、それ以降の作品は、全部まったくわからない感じがしています。最初にこの絵（風景構成法④）を見たときは、すごく気分が悪くなってきて、「吐き気」みたいな感じがすごくありました。なので、「どうしたのかなあ、どうしたのかなあ……」と思ったら、次の絵からまったくわからなくなってしまって……。

そういう意味でわたしは、いわゆる「死」みたいなものがなくなった感じを強く受けたのかなあ……と思っていました。いま皆藤先生はそういうものを「繋ぐ」とか、あるいは「テーマとして残しつつも」とか、「体験としては残っている」というような言われ方をしましたが、わたしにはそこがよくわかりませんでした。むしろもうそこはやめたのかなあっていう感じの方が強くて、それが「残っている」という感じにすごく違和感があったのです。むしろわたしのなかには、「なくなった」感じの方が強かったのかも……。

皆藤　それは、作品が「わからなくなった」ということではなくって……。面接場面で体験していける「死」という世界を、この人が選択しなくなったという表現として、この作品を「わかっている」んじゃないでしょうか。

参加者D　この人とわたしが、まったく違う人間だということが、すごくよくわかったという意味ではそうかも知れないし……。けっしてわからないことがわかったという意味ではそうかも知れないですけれど……。

皆藤　ちょっと、もう一回、はじめからとおして作品を見てみましょうか。

風景構成法①。ここでの議論は、「母親の死」「弟の死」という、「死の体験」が身近にこの人にあったこととこの人の「在りよう」というか「生きる」ということとの関連を、どっかりと中心に据えていった感じがありましたよね……。それからもうひとつは、この人が「生きる」ことを体験するうえでもっとも大切なものを探しに行くということを、十牛図のイメージと重ねて話をしたりもしました。しかし、山は越えるものじゃないのではないだろうか……というような話もありましたね（風景構成法②）。そして、やはりもう山は「越える」ものじゃないという感じがたしかになり、そして今度はこちらで「繋ぐ」というテーマが出てくる（風景構成法③）。けれどこの辺りはとくに、あんまり「死」というところとの関連は見られず、むしろ現実的にも「目標をもって……」と語るなど、少しずつ自我的な側面も現われてくる。どうもこの人が「死」ではなく「生」の世界の方にシフトしてきているというイメージで捉えました。そしてここが勝負、でしたね（白紙の風景構成法）。「ほんまにそれでええのんか」というようなことですね。そして次がこれ（風景構成法④）。ようやくこの人は、この人なりに坂田さんとの関係のなかで創ってきた「山」のような、「自分の風景」を眺めるところまでやってきます。それともうひとつ重要なのは、もうひとり人物がいるということでした。そしてこの辺りから、「家」というテーマがわたしのなかにぐっと入ってきたのです。いまあらためて見ていて思いましたが、この作品（風景構成法④）にはこれ（二羽の鳥。風景構成法⑦の鳥に繋がるイメージ）もいるんですねえ……。小高い山の頂上から下方の風景を眺めるのかなあ……。そして、次です（風景構成法⑤）。ここに表現されているのもどちらかというと「死」からシフトした「生」の方向性で、わたしはこれもやはり「繋ぐ」という脈絡の流れには乗らないと感じますね。魚を釣り上げようとしている人の存在から、坂田さんは「繋ぐ」というイメージで語ったけれど……。それからこれ（風景構成法⑥）。ここにはクリアに「繋ぐ」というテーマが出てきます。「関係」という視座からのわたしのイメージでは、この辺りは「安心してもらっちゃ困りまっせ」というような、坂田さんに向けた発信みたいな気もしますが……。そして、最後がこれです（風景構成法⑦）。「僕はここですよ」っていう、そんな感じですねえ……。

わたしなりにはこんな感じで収まりましたが、いかがでしょうか。

皆藤　ところで、第七十三〜七十五回ですが、終わり方っていうのかな、「終わり」にかけての感じは、坂田さんの手応えとしてはどうだったのですか。納得できる感じでしたか。

坂田　そうですね、そういう感じです。「まったく回復して」という感じではなく、「ぼちぼちのところ」というか……。この人はそういう場所でやっていかれるのかなあ……というような感じがしていたので……。

皆藤　わたしは、この人の体験した世界をもう一回きちっと振り返ってみたいなあと、最後にきて再度そう想いました。でも、時間が来ましたので今回はこれで終わりたいと思います。最後に坂田さんから感想をお願いします。

坂田　こうしてしゃべってみると、あるいは質問されたりいろいろな角度からの意見を聴いたりしてみると、「ああ、自分の見方はこうなんだ」とか、「自分はこんなことを考えていたんだ」というのがよく見えてきて、そのことがとても新鮮な体験でした。

どうもありがとうございました。

皆藤　どうもありがとうございました。

おわりに

今回のように、事例の発表者と対談を行なうという発想は、前著[18]執筆時からすでに構想としてあった。前著では、事例を巡ってわたしと川嵜克哲氏が対談するというスタイルであったが、そこには当該の事例を担当した心理臨床家は加わっていなかった。そのことによって、より自由な対談ができると実感していたこともあるが、その一方で、事例そのもののもつ迫力や臨場感をもっと体験したいという気持ちも強く抱いていた。今回はそうしたこともあって、第六章の事例担当者の坂田浩之氏との対談というスタイルが実現した。

本章は、直接的には、第六章の事例の理解を深める意図をもつものではなく、むしろ事例全体の流れのなかに風景構成法が位置づいている在りようが、対談をとおして浮かび上がってくる様相を提示することを目的としている。この意味では、録音されていなかった部分があったことは残念であるが、わたしなりには、そこにも臨床的意味を感じている。最後に、このような志向性が風景構成法の臨床研究に真に役立つものになるとのわたしの手応えを記しておきたい。

注

はじめに

（1）皆藤章『風景構成法――その基礎と実践』誠信書房、一九九四年。
（2）皆藤章「臨床教育学の構想――体験をとおしてもたらされた覚書」皇紀夫編著『臨床教育学の生成』玉川大学出版部、二〇〇三年、三三―五七頁。
（3）皆藤章『生きる心理療法と教育――臨床教育学の視座から』誠信書房、一九九八年。
（4）皆藤章「心理療法と風景構成法」山中康裕編著『風景構成法その後の発展』岩崎学術出版社、一九九六年、四五―六四頁。
（5）前掲『生きる心理療法と教育――臨床教育学の視座から』二五八―二八二頁。
（6）同、二六〇頁。
（7）皆藤章・川嵜克哲編著『風景構成法の事例と展開――心理臨床の体験知』誠信書房、二〇〇二年。
（8）同。
（9）本書で筆者の文章に見られる「わたし」は、「体験から語る語り手」を意味している。また、この辺りの内容については、第一章に述べられている。

第一章

（1）従来用いられてきた科学的方法と区別するために、本書では〈方法〉と表記している。
（2）臨床心理学／心理臨床学はこれまで、「検査」（テスト）「方法」（メソッド）「技法」（テクニック）の三概念を明瞭に区別してこなかった。このことが心理査定や心理臨床の領域にもたらした影響は少なくないし、その結果、心理臨床の本質がクリアになったとも言うことができる。この辺りについては、筆者編の臨床心理学全書第七巻『臨床心理査定技法2』の「投映法論――イメージと人間」誠信書房、二〇〇四年を参照のこと。

第二章

（1）皆藤章「一枚の風景構成法から」山中康裕・齋藤久美子編著『臨床的知の探究――河合隼雄教授還暦記念論文集』（下）創元社、一九八八年、二一七－二三二頁。

（2）ここでの「主観」「主観性」ということばは、心理臨床の実践のなかから、わたし自身が定義づけた意味で用いられている。すなわちわたしは、心理臨床の実践は、クライエントを「知ろうとする」人間の存在そのものがコミットする世界体験であると捉えており、そのトポスを生きる「主体（私）」を「主観」と、そのトポスを生きる「主体（私）の様態」を「主観性」と、それぞれ呼んでいる。なお、この考え方の初出は、以下の拙論である。皆藤章「臨床としての風景構成法」京都大学大学院教育学研究科臨床教育学講座紀要『臨床教育人間学』第四号、二〇〇二年、一一九－一三〇頁。

（3）思春期における「虚無」については「精神性 spirituality」との関連で、以下に若干論じた。皆藤章「水谷みゆきさんの事例論文への心理臨床コメント」名古屋大学発達心理精神科学教育研究センター心理発達相談室紀要『心理臨床』第一九巻、二〇〇四年、一三二－一三四頁。

（4）「関係性」と「関係」は異なる概念である。詳細は他書に論じたのでそちらを参照いただきたいが、そこでは次のように述べられている。「……関係というのは無限であることが分かる。つまり、森羅万象はすべて関係であると言えるのである。このような地平に立って関係を捉えるとき、それを筆者は〈関係性〉と呼んでいる。〈関係性〉とは何かを語ることは非常にむずかしい。語ることで切断してしまうからである。それを承知であえて語れば、あらゆるものとの関係の総体を意味する〈何か〉であると言うことができるであろう」（皆藤章「投映法論――イメージと人間」皆藤章編『臨床心理査定技法2』臨床心理学全書第七巻、誠信書房、二〇〇四年、一－四九頁）。

（5）このようなことは、いささか飛躍的に過ぎるのではと思いつつも、捨てきれずにいたあるとき、ある方と風景構成法をともにする機会が与えられ、わたしは通常のように描き手に署名を求めた。「それでは最期に、今日の日付と名前を入れて下さい」。描き手は微笑んで応えた。「時刻も入れましょうね」。わたしは、この描き手が、この体験のもつ意味をたしかに引き受けてくださったことに深く感謝した。

第三章

（1）たとえば、山中康裕編著『H. NAKAI風景構成法』中井久夫著作集別巻、岩崎学術出版社、一九八四年、一－三六頁。および、皆藤章『風景構成法――その基礎と実践』誠信書房、一九九四年がある。

（2）山中康裕「〈風景構成法〉事始め」前掲『H. NAKAI 風景構成法』九頁。

（3）前掲『風景構成法――その基礎と実践』一一頁。

（4）同、二二―二四頁。および以下を参照。中井久夫著作集一巻『分裂病』岩崎学術出版社、一九八四年、一―一五頁（初出は、一九七〇年）、中井久夫「精神分裂病者の精神療法における描画の使用」『芸術療法』第二巻、一九七〇年、七七―九〇頁。

（5）〈わたし〉と表現した内容は、わたしにとってもクライエントにとっても〈わたし〉である「何か」である。したがって、それはわたしにとっては〈わたし〉であり、クライエントにとっても〈わたし〉である。枠づけを終えたとき、画用紙はたんなる紙ではなくそこにわたしの「何か」が含み込まれている。その「何か」が含み込まれた枠づけを終えた画用紙をクライエントが受け取ったとき、そこにクライエントの「何か」が含み込まれることになる。そういうやりとりをとおして、画用紙は〈わたし〉に変容しているのである。また、この辺りの心理臨床の実践については、第六章の「白紙の風景構成法」を参照。

（6）前掲『風景構成法――その基礎と実践』二五―二六頁、および以下を参照のこと。中井久夫「風景構成法と私」前掲『H. NAKAI 風景構成法』二六一―一七一頁。伊集院清一・中井久夫「風景構成法――その未来と方向性」『臨床精神医学』第一七巻、一九八八年、九五七―九六八頁。山中康裕「〈風景構成法〉事始め」前掲『H. NAKAI 風景構成法』一―三六頁。

（7）前掲『風景構成法――その基礎と実践』二七〇―二八二頁。

（8）わたしは、「人間である」ことと「人間になる」ことは異なる事態であると考えている。「人間である」とはそのような名称で類型化された生命体としての自身を認識する事態であり、「人間になる」とはその人間をわたしが引き受けて生きていこうとする事態である。

（9）第二章注（4）参照。

（10）紙面の四隅いずれかを横切って描かれた川の表現（初出は前掲『風景構成法――その基礎と実践』）。

（11）紙面下方の枠を川の此岸として使用された川の表現（初出は前掲山中康裕「〈風景構成法〉事始め」『H. NAKAI 風景構成法』）。

（12）二河白道図については以下を参照のこと。皆藤章・川嵜克哲編著『風景構成法の事例と展開――心理臨床の体験知』誠信書房、二〇〇二年。

（13）第六章参照。

（14）この辺りの詳細については、以下を参照のこと。皆藤章「投映法論――イメージと人間」皆藤章編『臨床心理査定技法2』臨床心理学全書第七巻、誠信書房、二〇〇四年、一―四九頁。

（15）この辺りのことについては、今後、風景構成法の国際文化比較（たとえば農耕文化と狩猟文化）といったテーマにおいても、具体的に議論されていく必要があるだろう。
（16）前掲山中康裕「〈風景構成法〉事始め」『H. NAKAI 風景構成法』五頁、および、前掲中井久夫「風景構成法と私」『H. NAKAI 風景構成法』二六七頁。
（17）たとえば、川の流れも稲穂の揺らぎも動的に表現されることがあるが、アイテムそれ自体が明らかに動的な表現を可能にするのは、「人」と「生き物」の二つである。
（18）前掲『風景構成法——その基礎と実践』六四－七九頁。
（19）同、および前掲『風景構成法の事例と展開——心理臨床の体験知』。

第五章

（1）中井久夫「風景構成法」山中康裕編『風景構成法その後の発展』岩崎学術出版社、一九九六年、二四頁。
（2）皆藤章「臨床としての風景構成法」京都大学大学院教育学研究科臨床教育学講座紀要『臨床教育人間学』第四号、二〇〇〇年、一二〇頁。
（3）同、一二〇頁。
（4）合鴨農法とは、田植え後の水田で合鴨の雛を放し飼いにし、雑草と害虫を餌として食べさせ、雛の糞は肥料としてそのまま利用することによって農薬や化学肥料を使用せずに稲を育てる農法である。環境保全型の農法とも言われている。水田での役目を終えて成長した合鴨は食用肉になる。
（5）二〇〇二年九月十九日に、NHKにんげんドキュメントで放映された「アイガモ家族の夏」における父と子のやりとりから抜粋した。このドキュメンタリー番組は、家族で合鴨農法に取り組んでおられる古野隆雄さんご一家のひと夏を紹介したものである。
（6）皆藤章・川嵜克哲編著『風景構成法の事例と展開——心理臨床の体験知』誠信書房、二〇〇二年、一三頁。
（7）東山魁夷『風景との対話』新潮社、一九六七年、一二－一三頁。
（8）中村雄二郎『臨床の知とは何か』岩波書店、一九九二年、六頁。
（9）同、三頁。
（10）NBM（Narrative Based Medicine：ナラティブ・ベイスド・メディスン）は「語り立脚医学」とも言われ、医療において患者が語る「ナラティブ」（物語り）を重視する立場である。特徴として次の三点がある。①患者の語る「病いの体験の物語」をまるごと傾聴し尊重する。②医療におけるあらゆる理論や仮説や病態説明を「構築された物語り」として相対的に理解し、科学的な説明を唯一の真実であるとみなさない。③異なった複数の物語りの共存や併存を許容し、対話のなかから新たな物語が創造されることを重視する。ＮＢＭは医療に人間的な視点を導入し、語り手と聞き手の関係性を創り出し、医療・医学と人文諸科学との架け橋になるとして近年注目されてきている。

(11) 木村敏『生命のかたち／かたちの生命』新装版、青土社、一九九五年、一三八頁。
(12) 同、一三三頁。
(13) 河合隼雄・中沢新一・小林康夫・田坂広志、日本総合研究所編『こころの生態系――日本と日本人、再生の条件』講談社、二〇〇〇年、二五頁。
(14) 河合隼雄・鷲田清一『臨床とことば――心理学と哲学のあわいに探る臨床の知』ＴＢＳブリタニカ、二〇〇三年、一九八－一九九頁。
(15) 前掲『生命のかたち／かたちの生命』二一頁。
(16) 古野隆雄「命ふれあい――百・姓・百・作」（自費制作小冊子）、四七頁。
(17) 「アイガモ家族の夏」での父と子の会話より抜粋（注5参照）。
(18) 前掲『臨床とことば』一九八－一九九頁
(19) 注（15）参照。
(20) 前掲「投映法論――イメージと人間」二一四－二三八頁。（初出は、前掲「臨床としての風景構成法」一一九－一三〇頁）。

第六章

(1) 河合隼雄『子どもの本を読む』講談社、一九九六年、一〇五頁（初出は、同名で光村図書出版から、一九八五年）。
(2) 河合俊雄は、『心理臨床の基礎2　心理臨床の理論』（岩波書店、二〇〇〇年、一一七－一一九頁）において、高石恭子「風景構成法における構成型の検討――自我発達との関連から」（山中康裕編『風景構成法その後の発展』岩崎学術出版社、一九九六年、二五八－二六一頁）を引用しつつ論じている。
(3) Kalf, D. M. (1996) : *Sandspiel*. Rascher Verlag, Zurich und Stuttgart.（山中康裕監訳『カルフ箱庭療法〔新版〕』誠信書房、一九九九年、一五六－一五八頁。

（4）河合隼雄『箱庭療法入門』誠信書房、一九六九年、四九頁。
（5）山中康裕「〈風景構成法〉事始め」山中康裕編著『H. NAKAI風景構成法』中井久夫著作集別巻、岩崎学術出版社、一九八四年、七－八頁。
（6）上田閑照「自己の現象学──禅の十牛図を手引として」上田閑照・柳田聖山編『十牛図──自己の現象学』筑摩書房、一九八二年、三一頁および五五－七〇頁。
（7）河合隼雄『ユング心理学と仏教』岩波書店、一九九五年、六七－八〇頁。および、河合隼雄『生と死の接点』岩波書店、一九八九年、一一〇－一一八頁。
（8）前掲『生と死の接点』一一三頁。
（9）前掲「自己の現象学──禅の十牛図を手引きとして」『十牛図』三一頁および五五－七〇頁。
（10）前掲『カルフ箱庭療法〈新版〉』一五六－一五八頁。
（11）前掲「自己の現象学──禅の十牛図を手引きとして」『十牛図』三一頁および五五－七〇頁。
（12）三木アヤ・光元和憲・田中千穂子『体験箱庭療法──箱庭療法の基礎と実際』山王出版、一九九一年、四二頁。

第七章

（1）第二章および第三章注（4）参照。以降、本章で使用されている「関係」はすべてこの意である。
（2）第二章および第三章注（2）参照。
（3）皆藤章『風景構成法──その基礎と実践』誠信書房、一九九四年（初出は一九九一年、「風景構成法における風景の中の自己位置」『心理臨床学研究』八巻、三号）。
（4）同（初出は一九九一年、「風景構成法における誘目性」大阪市立大学文学部紀要『人文研究』四三巻、一号）。
（5）同（初出は一九八八年、「風景構成法の読みとりに関する一考察──構成プロセスについて」大阪市立大学文学部紀要『人文研究』四〇巻、七号）。また、この視点の萌芽は、第三章注（1）に掲げた論文に見られる。
（6）風景構成法作品において、風景の中心に描かれたアイテムに着目しイメージを活性化する見方。「風景の中心」も誘目性の一種である。
（7）皆藤章「臨床としての風景構成法」京都大学大学院教育学研究科臨床教育学講座紀要『臨床教育人間学』第四号、二〇〇二年、一二〇頁。この辺りの詳細は、二〇〇二年九月四日、中京大学で開催された「日本心理臨床学会第二十一回大会」における「風景構成法とイメージとの対話」と題したワークショップにて論じた。そこにおいて、坂田浩之氏が第六章の事例を発表し、わたしと氏が出会うこととなった。
(8) 第三章注(5)参照。
(9) 十牛図については、第六章で坂田浩之氏も言及している。図6-9(一五七-一五九頁)参照。
(10) 上田閑照著『道程「十牛図」を歩む』上田閑照集第六巻、岩波書店、二〇〇三年、七-八頁(初出は二〇〇二年『十牛図を歩む——真の自己への道』大法輪閣)。
(11) 同、一五四頁。
(12) 同、七頁。
(13) 同、一五五-一五六頁。
(14) この境位は第二章に述べた「関係性」と言える。第二章注(4)参照。
(15) 第三章および第三章注(5)参照。
(16) 『さがしてごらんきみの牛』は、河合隼雄による「解説」によると、「一人の現代女性によって描かれた牧牛図」であり、この女性の「ソール・メーキング(soul-making)の過程において、湧き出てきたファンタジー」が、「現代の、女性の魂がそれ自らをこのような絵によって表わしてきた」ものである(マ・サティヤム・サヴィタ『詩画・十牛図 さがしてごらんきみの牛』禅文化研究所、一九八七年)。図7-1参照。
(17) このことは何を意味しているのであろうか……。心理臨床に長い間携わっていると、このようなことが、ときおり起ることをわたしは体験的に知っている。この、録音されていなかったという事実をそのまま引き受けることがここでのたいせつな姿勢であると思い、あえて事後工作をせずにおいた。わたしにとっては、まさしく「白紙の風景構成法」と言える体験であった。
なお、議論された枠組みは、おおよそ次のようであったと記憶している。

風景構成法③では、参加者からのコメントが中心で、風景構成法①を「点」、風景構成法②を「線」、風景構成法③を「立体」といった、数学的な表現をメタファーとして使った読み取り方、意味づけ方が議論されていた。

「白紙の風景構成法」では、わたしが十牛図の第八「人牛倶忘」との比較で、話をした。この辺りについては、本章1「十牛図との関連」を参照。

第三期の第四十五~四十九回では、わたしが坂田氏に、なぜ第四十七回のときにクライエントにたいして「夢」を記録してもってくるように伝えたのか、その動機を尋ね、坂田氏の応答を受けて、夢についての議論がなされた。第三期（第五十～五十九回）では、これまでの数回にわたる夢の報告、そしてこの回の眠気などを中心に、わたしがコメントを行なった。第三期（第六十～六十三回）および第四期（第六十四回目）では、風景構成法④について、わたしと坂田氏、そして参加者も含めた議論が展開された。

第四期（第六十五～六十七回）では、坂田氏が風景構成法⑤に見られる「釣りをする人」について語り、それにたいしわたしがコメントを行なった。

(18) 皆藤章・川嵜克哲編著『風景構成法の事例と展開——心理臨床の体験知』誠信書房、二〇〇二年。

あとがき

拙著モノグラフの刊行が一九九四年であるから、本書はそれから十年間のわたしの風景構成法にたいする姿勢・考え方の変容を語っていると言うことができるであろう。

本書にクリアに語られているように、この十年間でわたしの心理臨床にたいする姿勢は大きく変容してきている。当然のこと、それは風景構成法にリフレクトされている。もっとも大きな変化は、人間のこころを考えるときに近代科学的世界観を基盤として思考することをできるかぎり放棄しようとしたことである。科学的方法論を用いて人間のこころを考える在り方は、わたしが心理学を学び始めてから一貫して維持してきた姿勢である。けれども一方で、そうしたことに矛盾するような臨床的真実が心理臨床の実践のなかに多く見出されてきたこともたしかである。そうした臨床的真実を語るときに、科学的方法論は無力であると思わされることがしばしばである。

このような状況にあって、心理臨床学は新たなパラダイムを求めていたとわたしには痛切に感じられる。心理臨床学が心理臨床の実践を中核として、その営みをとおして人間知が創成されていく学問であるならば、近代科学的世界観に代わるパラダイムが必要になってくる。

川嵜克哲氏と共編の前書『風景構成法の事例と展開——心理臨床の体験知』（誠信書房刊）は、そのような視角を射程に入れて編まれた。本書は、前書からさらに一歩踏み出そうと試みている。すなわち、新たなパラダイム創成のテーマに、わたしなりにひとつの姿勢を提示しようと試みたものでもある。その姿勢とは、心理臨床学を、わたしが用いる意味での「関係性」を基盤とした学として考えることはできないだろうかというものである。本書において、慣習的に用いてきた「筆者」という呼称を捨てて「わたし」という呼称を用いているのも、このゆえんである。

本書を、これまでの心理臨床学領域の書物とはかなり性格を異にしたものだと感じられた読者も多いのではないだろうか。心理臨床学の発展に向けての、読者諸氏の創造的なご叱咤、ご批判を待ちたい。

今回も、多くの方々との出会いによって本書は生まれた。「はじめに」にも述べたが、中桐万里子氏と村松知子氏、そして坂田浩之氏にはこころより感謝申し上げる。風景構成法研究会は、ふとしたことがきっかけで始まった。主として学校教育に携わる方々と年に八回程度、三年間にわたって行なわれてきた。京都・滋賀・三重・兵庫・大阪在住の方々を中心に、遠くは米子市から夜行バスで参加された先生もおられた。わたしには多くの刺激を与えられた会であった。その運営にこころを尽くしてくださった、村田喬子、山本岳の両氏をはじめ、会員諸氏に御礼申し上げる。現在、わたしの多忙もあって風景構成法研究会は休会となっているが、とき熟すれば再開・再会したいものである。

最後になったが、松山由理子氏にこころから御礼申し上げる。松山氏は、拙著モノグラフ以来、すべてのわたしの著作に編集者として携わって下さっている、いわば風景構成法の誕生と成長を見守ってくださっていると言える。ほんとうに嬉しいことである。

二〇〇四年　五月

皆藤　章

執筆者紹介

皆藤　章（かいとう　あきら）

【はじめに，第一章，第二章，第三章，第四章，第七章】

編著者紹介参照

中桐　万里子（なかぎり　まりこ）【第四章】

1998年　慶應義塾大学環境情報学部卒業

現　在　京都大学大学院臨床教育学専攻博士課程三年

村松　知子（むらまつ　さとこ）【第五章】

1996年　武庫川女子大学大学院臨床教育学専攻修士課程修了

現　在　神戸赤十字病院心療内科臨床心理士

坂田　浩之（さかた　ひろゆき）【第六章，第七章】

1999年　京都大学大学院臨床教育学専攻博士課程単位取得退学

現　在　大阪樟蔭女子大学人間科学部心理学科専任講師

著　書　『はじめての心理学』（分担執筆）創元社　2000

編著者紹介

皆藤　章（かいとう　あきら）

1957年　福井県生まれ
1986年　京都大学大学院教育学研究科博士課程単位取得退学
現　在　京都大学大学院助教授，博士（文学），臨床心理士
編著書　『風景構成法』誠信書房　1994,『生きる心理療法と教育』誠信書房　1998,『風景構成法の事例と展開』（共編）誠信書房　2004,『事例に学ぶ心理療法』（分担執筆）日本評論社　1990,『講座心理療法　第8巻　心理療法と現代社会』（分担執筆）岩波書店　2001,『臨床心理テスト入門』（分担執筆）東山書房　1988,『臨床的知の探求』下巻（分担執筆）創元社　1988
共訳書　『プラクティカル・ユング　上・下』鳥影社　1993,『サリバン入門』岩崎学術出版社　1994,『エセンシャル・ユング』創元社　1997,『子どもの夢Ⅰ・Ⅱ』人文書院　1992

風景構成法のときと語り

2004年9月1日　第1刷発行
2005年2月5日　第2刷発行

編著者　皆藤　章
発行者　柴田淑子
印刷者　井川高博

発行所　株式会社　**誠信書房**
〒112-0012 東京都文京区大塚3-20-6
電話　03 (3946) 5666
http://www.seishinshobo.co.jp/

末広印刷　協栄製本　落丁・乱丁本はお取り替えいたします

ISBN4-414-40017-1 C3011